Lettres du dimanche

DU MÊME AUTEUR

Oppède, édition française : Brentano's Inc., New York, 1945
édition américaine : Random House, New York, 1946
réédition : Gallimard, Paris, 1947.

Mémoires de la rose, Plon, 2000.

CONSUELO DE SAINT-EXUPÉRY

Lettres du dimanche

Préface d'Alain Vircondelet

Plon

ISBN : 2-259-19445-1

« Ma fleur est éphémère, se dit le Petit Prince, et elle n'a que quatre épines pour se défendre contre le monde ! Et je l'ai laissée toute seule... »

ANTOINE DE SAINT-EXUPÉRY,
Le Petit Prince
(Sixième planète).

AVANT-PROPOS

Ces lettres réalisent le vœu de ne jamais se quitter que se sont fait Antoine et Consuelo de Saint-Exupéry, avant le départ de l'écrivain pour l'Afrique du Nord. Elles n'ont pas été envoyées, à l'exception de deux d'entre elles.

Consuelo les a écrites soit directement en français soit en espagnol. Elle s'est aussi confiée à son dictaphone dont les bandes aujourd'hui retrouvées ont été décryptées. Certaines de ces lettres proviennent de ce fonds sonore. Les éditions Plon et les ayants droit ont confié, comme pour les *Mémoires de la rose*, à Alain Vircondelet, biographe de Saint-Exupéry, l'établissement critique de ces lettres. Non datées pour la plupart, elles ont été ordonnées dans la chronologie la plus vraisemblable et rétablies, quand cela s'imposait, dans une syntaxe correcte.

PRÉFACE

On s'en souvient comme d'une ultime facétie du « petit oiseau des îles », comme d'une voix jeune et fraîche qui venait sans prévenir ranimer les sempiternels hommages rendus au héros disparu, à l'auteur du *Petit Prince* : les *Mémoires de la rose* de Consuelo de Saint-Exupéry[1], retrouvés au fond d'une malle de voyage qui n'avait encore jamais été ouverte depuis le retour d'exil, renouvelaient en profondeur la vision de l'écrivain « panthéonisé » bien malgré lui par les faiseurs de mythes et les hagiographes officiels...

Et pourtant, semble-t-il, rien n'avait été laissé au hasard en cette année 2000, centenaire de la naissance d'Antoine de Saint-Exupéry, pour célébrer celui qui n'avait été qu'insolence, jeunesse, passion et invention...

Mais ce furent les *Mémoires de la rose*, les Mémoires

1. Consuelo de Saint-Exupéry, *Mémoires de la rose*, Paris, Plon, 2000. (Toutes les notes de cet ouvrage sont de l'Éditeur.)

de la petite Salvadorienne épousée et jamais reniée, mais oubliée, gommée parce qu'elle dérangeait, qui firent la surprise.

Une immense vague de sympathie accueillit le document inédit : best-seller incontesté de l'année 2000, traduit en plus de vingt langues, pressenti par les plus grands cinéastes, l'ouvrage révélait soudain, au milieu des paroles et des discours convenus, une parole neuve, vraie et sincère, la voix d'une femme qui racontait avec charme et pittoresque sa vie douloureuse et passionnée auprès de l'écrivain. Les simples lecteurs de Saint-Exupéry découvraient l'existence d'une épouse : comment auraient-ils pu le savoir quand un silence de plomb s'était abattu aussitôt après la disparition officielle de l'écrivain et que l'on s'acharna à effacer de sa vie celle qu'on jugeait trop encombrante ?

On eut beau oublier Consuelo dans toutes les cérémonies officielles, on eut beau l'ignorer quand fut célébrée la grand-messe de Fourvières en ne l'évoquant pas lors des intentions de prières alors que toute la famille fut citée, et alors que Consuelo fut une catholique très pieuse et jusqu'à nouvel ordre veuve légitime de Saint-Exupéry, on eut beau prétendre que ses Mémoires étaient l'œuvre de l'écrivain journaliste Denis de Rougemont, rien n'y fit.

Les lecteurs s'étaient pris d'affection pour celle qui avait été le modèle ignoré de la rose du Petit Prince, et dont il disait qu'elle était si naïve et si faible : « Quatre épines de rien du tout pour la protéger contre le monde... » Sa femme, pour laquelle Saint-Exupéry éprouva une passion brutale, sauvage et cependant tenace, lui offrait au moment de l'embaumement définitif le plus salutaire des services, celui de le rendre à la vie, aux jeunes lecteurs et à la littérature...

Qui donc voyait en effet dans l'écrivain le désespoir affleurer à la crête de ses mots, qui donc interprétait cette œuvre comme un immense vol de nuit, une marche obscure dans sa propre angoisse, qui lui faisait rejoindre les doutes nocturnes de Pascal et de Rimbaud ? Fallait-il se contenter de suspecter Saint-Exupéry de tentations pétainistes, au sujet desquelles Consuelo ne cessait pourtant de le mettre en garde ?

Saint-Exupéry est ailleurs. Comme tous les grands écrivains, il est sans fond, vertigineux et jamais totalement accessible, la connaissance que l'on a de lui bute sur des secrets car l'œuvre qu'il laisse reste résolument de nuit, cloutée de quelques étoiles ou de quelques soleils noirs qui quelquefois donnent du sens : les lettres à sa mère, le père mort et demeuré inconnu (saura-t-on jamais la signification profonde de l'admirable et douloureux aveu qui lui fait dire : « Quand mon père mourut, il me devint montagne » ?), le parc de Saint-Maurice-de-Rémens, le frère mort prématurément qu'il photographia sur son lit, le charme (au sens le plus étymologique du terme) de l'enfance, l'aventure mystérieuse du vol de nuit, et Consuelo, sa « consolation », son « doux devoir ».

Préparant son retour en France, Consuelo, désormais certaine que Saint-Exupéry ne reviendrait plus, rassemble toutes leurs affaires communes. Vaste chantier qu'elle engloutit dans des malles-cabines qui traverseront l'Atlantique, rejoindront son domicile parisien sans qu'elle ne les rouvre totalement, trésors d'une existence qui la bouleversent toujours. Pourtant, à la demande de certaines revues, elle consent à tirer du puits de mémoire quelques dossiers, quelques traces d'une vie, dessins, lettres, télégrammes, papiers jaunis qui la font renouer avec l'histoire passée, dont elle ne cesse de ressentir la douleur. « Je n'ouvre jamais sans trembler les dossiers et les coffrets où s'entassent les lettres de mon mari, ses dessins, ses télégrammes. Ces messages chargés de tendresse vivante et de secret ont l'odeur tragique et merveilleuse de mon passé », confie-t-elle à la revue *Icare*. Interviewée ou au cours de causeries qu'elle donne, elle rend publiques quelques lettres mais se garde l'exclusivité de certains inédits et confesse même qu'elle écrit ses souvenirs pour un livre futur : « Sur notre vie intime, rien n'a été publié, dit-elle, car je me réserve le droit de publier prochainement un volume que j'intitulerai *Les Mille et Une Vies de Saint-Exupéry.* »

Les *Mémoires de la rose* se tissent ainsi, entre silences et aveux, entre ses travaux de peintre et de sculpteur et les voyages qu'elle accomplit, infatigable errante. Elle donne le change en s'entourant d'une cour interlope d'artistes et d'antiquaires, en s'exhibant dans les stations à la mode et les palaces, en fréquentant Capri, Majorque et les grandes capitales européennes. Mais peu savent sa solitude et son désir profond de retraite, la mélancolie dans laquelle l'a plongée la disparition de son « Tonnio [1] ».

1. Consuelo utilise indifféremment deux orthographes : Tonio ou Tonnio.

On lui connaît des chevaliers servants, on la croit fantasque quand elle n'est que bohème, et un peu sorcière quand elle est magicienne, exubérante quand elle est conteuse, excentrique quand lui revient la nostalgie d'une terre brûlante, faite de déserts et de volcans. On ignore surtout que rien n'apaise le manque et l'absence, ni les voyages ni les courtisans...

Il reste la peinture, les tableaux vibrants de couleurs, de ces couleurs dont Picasso et Derain lui conseillaient d'envahir sa toile, et cette formidable énergie vitale qui la possède et l'empêche de sombrer.

Les malles-cabines, après la mort de Consuelo, et les archives qu'elle laisse sont encore dans l'état originel où elle-même les a laissées, c'est-à-dire dans l'obscure nuit des malles, mémoire qui sommeillera pendant des dizaines d'années jusqu'à ce qu'enfin José Martinez-Fructuoso, légataire universel de Consuelo, se décide à les porter au jour[1]. S'y trouvent pêle-mêle les dessins originaux du *Petit Prince*, les étapes successives de sa création, les lettres de l'écrivain à ses amis, à ses maîtresses et à son épouse, des inédits, des poèmes, des objets familiers et toute la correspondance à lui adressée : le bric-à-brac d'une vie qui l'explique et la fonde. Documents inestimables à qui veut comprendre Saint-Exupéry dans son humanité.

Le public aime bien ces retournements soudains de postures : on se souvient de la fureur de la

1. M. José Martinez-Fructuoso s'en est expliqué en exergue de l'ouvrage de Consuelo, *Mémoires de la rose*, et abondamment dans la presse lors de la sortie de cet ouvrage.

famille Claudel devant la résurrection de Camille, la sœur dissimulée et oubliée dans la nuit d'un asile psychiatrique... Il en va de même pour Consuelo.

Les *Mémoires de la rose* ont ainsi mis au jour une autre biographie de Saint-Exupéry, une autre image, une autre interprétation des faits, une autre lecture. Mais ils n'achevèrent pas tout à fait les révélations de Consuelo. Les malles, si l'on peut dire, ont encore parlé et ramené au jour ce que Proust avait su tirer des soutes épaisses de l'inconscient.

On connaît aujourd'hui, grâce aux *Mémoires de la rose*, la nature des adieux qu'échangèrent Consuelo et Saint-Exupéry : « En me serrant dans tes bras quand tu m'as dit au revoir, avant de t'envoler pour Alger, ta voix est restée dans mon oreille. Je l'entends comme le battement de mon cœur. Je l'entendrai toujours.

— Ne pleure pas, c'est beau l'inconnu quand on va le découvrir. Je vais faire la guerre pour mon pays. Ne vois pas mes yeux car je pleure de joie de remplir mon devoir autant que de chagrin de tes pleurs... Chaque jour tu m'écriras deux lignes, trois lignes, tu verras, ce sera comme une conversation au téléphone et nous ne serons pas séparés puisque tu es ma femme pour l'éternité et nous pleurerons ensemble la distance des jours qui passent sans regarder ensemble les mêmes choses. »

Consuelo a donc retenu le conseil. Elle écrira chaque jour des lettres qui seront prêtes à partir au cas où elle rencontrerait un soldat, un membre de l'état-major à New York qui partiraient pour l'Europe. Mieux encore, elle va instituer un rite encore plus poétique, qui lui ressemble, une de ces inventions enfantines que Saint-Exupéry affectionnait et qui le ravissaient : elle lui écrirait tous les dimanches une lettre qu'elle conserverait pour lui, plus tard, pour son retour. Quand il reviendrait, il les lirait toutes comme un long journal d'amour, ce serait ainsi la preuve ineffable de sa fidélité, un long chant d'exil et de détresse, le symbole de leur communion qui aurait enfin dépassé les conflits, le signe de l'accomplissement.

Elle intitule naturellement ce nouveau manuscrit *Lettres du dimanche.* Dans sa maison solitaire, délaissée des faux amis, des Daisy et des Gaby qui envahissaient impudemment leur couple, ayant fait elle-même le tri de ses amitiés, s'adonnant déjà à la peinture comme un refuge, elle écrit à la main, elle tape sur la machine à écrire de Saint-Exupéry, toujours sur ce fameux papier pelure de la guerre qu'elle utilisait aussi pour ses Mémoires, elle confie au dictaphone tout neuf qu'elle avait acheté à son mari ce qui lui passe par la tête, sans organisation rigoureuse, ses soucis de santé et ses souvenirs d'un temps révolu, des anecdotes de son enfance et ses inquiétudes pour « Tonnio », des considérations générales et quelque peu philosophiques sur la guerre, le monde, Dieu et la vie. Elle est allongée sûrement sur un canapé de leur salon, elle a près d'elle une tasse de thé bien chaud, et elle écrit à son « mari bien-aimé », « son fils ».

Il faut comprendre les *Lettres du dimanche* comme un moyen pathétique de retenir le temps perdu, et en même temps de « tenir » dans cette longue attente qui n'en finit pas, d'abord confiante dans le retour puis angoissée devant l'impossible. Ces lettres sont semaine après semaine une avancée inexorable vers la mort, lent travail de deuil auquel Consuelo ne veut se résoudre, perpétuant le rite des lettres du dimanche bien après l'annonce officielle de la disparition de Saint-Exupéry. Rite de survie, avons-nous dit, mais aussi rite de préservation, de défi à la mort. Ecrire ces lettres, c'est une manière de provoquer les forces de vie, de refuser l'abandon et la mythification. A l'inverse des « embaumeurs », Consuelo n'a jamais contribué à la sacralisation du mythe, à l'édification de la légende. Elle sait au nom de toutes les forces vitales qui l'animent (et à cause desquelles la famille de son mari lui était très hostile), au nom encore de cet imaginaire centre-américain qui sait « animer » la mort et la reconvertir en vie, qu'il faut garder Saint-Exupéry vivant et ses lettres sont une manière de s'opposer au vertige du vide, à l'abstraction de l'héroïsme, à la pétrification des légendes.

C'est pourquoi elle n'hésite pas à le montrer dans sa nudité d'homme, dans ses faiblesses et dans ses trahisons, dans ses reniements et ses infidélités comme dans ses grandeurs et son courage, sa force d'âme et sa tendresse. Evacuer un aspect de Saint-Exupéry qui ne sied pas au mythe ou à l'hagiographie, c'est le faire mourir une seconde fois. Que ceux qui s'indignent des confessions de Consuelo se voilent donc de nouveau la face ! Consuelo révèle dans ces lettres un autre visage de l'écrivain-pilote, approfondit celui qu'elle brossait parallèlement dans ses *Mémoires de la rose*. Ce qui en advient, c'est Saint-Exupéry tout entier vivant et qui sort de sa gangue. Résurrection presque magique qui conforte la réputation de magicienne et de Schéhérazade de Consuelo. Elle est celle qui porte, vivant, au jour, le vrai visage de Saint-Exupéry, débarrassé de ses auréoles morales que la Collaboration a tenté vainement de sanctifier. Grâce aux conseils de Consuelo, Saint-Exupéry est ainsi sauvé par Consuelo d'une certaine tentation vers laquelle quelques-uns de ses amis voulurent un temps l'entraîner. La petite et prétendument futile Salvadorienne est du côté des libérateurs de l'Europe, elle a les mots les plus durs pour les résistants de la dernière heure qui ont rejoint New York après avoir aimé Vichy, qui se sont ralliés à la Résistance en sachant mettre leur fortune à l'abri, et qui récoltent après guerre les honneurs quand Saint-Exupéry est porté disparu...

Ce qu'on lit ici, c'est ce qu'on lisait déjà entre les lignes dans les *Mémoires de la rose*, véritable biographie intimiste de Saint-Exupéry, mais de manière plus confidentielle, plus secrète. Lire ces lettres, c'est se glisser dans le salon de Greta Garbo, vidé de la présence bruyante de Saint-Exupéry ou bien dans la bibliothèque chauffée au feu de bois de la maison des amis, à Lake George, un certain dimanche d'hiver, et entendre la voix de Consuelo, retisser les liens que la guerre a défaits. C'est retrouver le lent travail de patience de Pénélope attendant son Ulysse et le chant tragique de Bérénice refusant la séparation.

C'est bien ici une « conversation amoureuse », une longue plainte d'amour qui appelle au secours, qui réclame et s'étiole dans l'attente. Car ce que l'on retiendra surtout de ces lettres, c'est ce qui les fonde et les organise, c'est-à-dire le motif inconsolable de l'attente. Le mot revient lancinant au fil des pages, déjà entendu dans les Mémoires et omniprésent dans les lettres. Attente parce qu'il y eut promesse de retour, attente parce qu'il y a refus de se rendre à l'évidence, attente parce qu'il y va de sa propre vie, de sa propre présence sur la « terre des hommes ». Comment voyager, rire, chanter, se baigner, fleurir sa maison, s'enrouler encore dans son vison, prendre le thé avec des ladies très snobs, subir les roucoulades des courtisans et des prétendants quand tout au fond de soi appelle à retrouver les grands bras forts de son mari : « Votre lettre juin me fait pleurer de joie, voudrais vous toucher avec mes mains », télégraphie-t-elle de Lake George en mars 1944, demandant dans le même pli à l'état-major (ou à Dieu ?) : « Vous supplie soigner mon mari et me le ramener tout entier. »

Ce que Consuelo vit dès lors est de l'ordre du simulacre. Elle fera « comme si ». Elle jouera la comédie, elle ira à des fêtes, elle exposera ses toiles éclatantes de couleurs, elle posera pour les peintres mondains, en souvenir peut-être de la rose d'autrefois qui, depuis la disparition de Saint-Exupéry, n'a plus que de vilaines épines : « Mes doigts sont crochus maintenant, raconte-t-elle, mes mains sont noueuses. » Mais qui est dans le secret de ce qu'elle appelle ses « nuits veuves » ? Nuits de désespoir où elle voudrait retenir vibrante la présence de Saint-Exupéry, continuant à lui parler comme s'il était en face d'elle, commentant ses moindres faits et gestes, dérisoires et minuscules, mais relatant à eux seuls la petite épopée de Consuelo, celle qui la maintient en vie.

Elle évoque dans ce témoignage inédit les relations profondes qui la reliaient à son mari, dissimulées jusqu'alors. L'œuvre même de l'écrivain procède de cette union et de cette passion. Attribuer sa période de stérilité littéraire de 1931 à 1938, comme on a pu le prétendre, au fait unique de Consuelo est une injustice et un déni de vérité. Affirmer que Consuelo n'a joué aucun rôle dans la création de son œuvre, comme l'ont fait Elsa Triolet pour Aragon ou Simone de Beauvoir pour Sartre, relève de la désinformation. Certes, Consuelo ne fut pas une intellectuelle, mais Saint-Exupéry ne s'y était pas non plus trompé : il reconnaissait dans l'exubérance de sa femme, dans son baroquisme outrancier, dans ses talents de conteuse, le ressort même de l'écriture. Consuelo fut celle qui lui inspira *Vol de nuit* au point que, exclue du succès, elle connut son premier grand désespoir de femme d'écrivain en ayant cru que cet ouvrage était le fruit de leur propre amour. Elle fut celle qui le talonna pour écrire, favorisant son travail, aménageant son bureau, lui refusant même, dit-elle plaisamment, ses bras et son lit s'il n'écrivait pas ses trois pages dans la journée ! Elle fut encore celle qui inspira grandement *Le Petit Prince* et viendra un jour, sûrement, où l'on saura reconnaître l'influence prépondérante qu'elle exerça à Bevin House sur la création du petit héros légendaire de Saint-Exupéry. Dans ses *Lettres du dimanche* justement, elle insiste fortement sur les relations subtiles qui les ont unis, Antoine et elle, au cours de la période où Saint-Exupéry acheva *Le Petit Prince*. Pendant longtemps, il s'est trouvé certains critiques et tenants du mythe pour faire accroire que la rose était la mère de Saint-Exupéry... Consuelo rétablit la vérité. Elle est bien le modèle qui inspira la rose du *Petit Prince*, elle est bien celle « qui rayonne en lui comme la flamme d'une lampe, même quand il dort », elle est bien « faible », elle est bien « naïve », « elle ne veut apparaître que dans le plein rayonnement de sa beauté », et pour cela choisit « avec soin ses couleurs », elle ne veut pas « sortir toute fripée comme les coquelicots » et se prépare « à l'abri de sa chambre verte ». De ce même vert que Marcel Duchamp composa pour leur chambre à Paris et dont Saint-Exupéry se souvient, dans la mélancolie de l'exil américain !

La séparation a renforcé les liens ténus qui unissaient Consuelo et Saint-Exupéry. On affirma trop légèrement que le couple ne s'entendait pas au point que l'on finit par croire que Consuelo était « l'ex de Saint-Ex[1] » !

L'écrivain aurait bâti son œuvre dans la solitude, au mieux avec l'appui de certains de ses amis et surtout grâce à la vigilance passionnée de sa plus constante maîtresse, Mme E. Certes, plus cérébrale que Consuelo, plus riche et plus cultivée, la riche maîtresse introduisit Saint-Exupéry dans les milieux les plus influents du monde des lettres. Là encore, les *Lettres du dimanche* nous permettent de mieux comprendre la nature infiniment plus complexe de leur relation. Des deux, c'était Consuelo l'écrivain, la conteuse, la Schéhérazade comme l'appelaient leurs amis[2], et Saint-Exupéry était plutôt le moraliste au

1. Karine Le Loët, *Le Nouvel Observateur*, 4 mai 2000.
2. Entretien avec A.-M. Zehrfuss, 2000.

sens le plus pascalien du terme, attentif comme les grands écrivains du XVIIe siècle à saisir les ressorts complexes de la condition humaine et tous deux, « enfants terribles », ils vivaient poétiquement. Ce ne pouvait être certes Mme E., grande stratège de l'industrie et de la politique, lectrice assidue de Teilhard de Chardin, qui pouvait jouer ce rôle de Nadja surréaliste que Saint-Exupéry attribuait à Consuelo qui l'enchantait et qu'il savait aussi mépriser tout en même temps dans un accès de caprice ou tout simplement d'intérêt. Mais la séparation cristallisa ce qui les avait unis et indissolublement fondés, cet amour fantasque et brutal, cette passion qui ne pouvait s'éteindre et à laquelle Saint-Exupéry revenait toujours. Les lettres de l'écrivain à son épouse qu'il faudra bien un jour rendre publiques révèlent dans la solitude tendue d'Alger, de Sardaigne et de Corse, la force de cet amour. Consuelo n'a donc ni fantasmé ni extrapolé la nature de cette relation. Les *Lettres du dimanche* ne sont pas « une extravagance de la mémoire », elles sont le reflet d'une réalité tragique et bouleversante, celui d'un amour invivable et que les amants ont voulu néanmoins vivre. La preuve des étoiles.

Les *Lettres du dimanche* se présentent ainsi comme le témoignage fragmentaire d'un deuil doublement tragique puisque Consuelo pleure non seulement un corps mort mais aussi un corps disparu. Elle se heurte à un vide inconsolable et qu'elle ne peut combler. On y apprend que la si jolie Salvadorienne aux mœurs libérées d'artiste, aux caprices d'enfant gâtée, au parler savoureux, du fait même de la volatilisation légendaire de Saint-Exupéry, a retenu de lui la leçon qu'il lui avait enseignée dans *Le Petit Prince*, qui fut à beaucoup d'égards son livre de chevet à New York : fidélité, responsabilité, attention aux autres, émerveillement devant le ciel constellé d'étoiles, désir d'Afrique et du désert, mépris du toc et du mensonge. On y apprend encore qu'elle attend de lui le chef-d'œuvre, autant dire cette *Citadelle* qu'il commence à concevoir et dont il a jeté dans l'exil américain les premières fondations, esquissant sa philosophie humaniste et sa quête du bonheur tandis qu'il entrevoit le désastre à venir du monde moderne, la société des termitières qui n'a plus la mémoire de l'enfance et de ses grands secrets. Ce qui nourrit les *Lettres du dimanche*, tout en l'associant à cette légèreté coutumière qu'elle appelle à son secours pour la protéger du désespoir, c'est ce que Saint-Exupéry révélait dans *Le Petit Prince* : « Le plus important est invisible. » On a cru trop longtemps Consuelo dépensière et vaniteuse (elle le fut peut-être mais comme dans un jeu, parce que rien ne valait alors à ses yeux que de s'amuser pour défier le temps qui passe, la perte inexorable de la jeunesse), on la crut sotte et déplacée dans le milieu social de son mari (on ne manqua pas de s'indigner auprès de Saint-Exupéry de son accent et de sa syntaxe incorrecte). Consuelo savait tout cela, elle avait même surpris des regards, des conversations et des gestes qui ne l'avaient pas trompée, mais elle avait eu le courage et la force de caractère d'apprendre ce que son mari attendait de l'homme : de la grandeur dans l'adversité, de la fidélité, de la compassion. Souvent, certes, elle retombait dans ses travers de caractère, elle ne le cache pas dans ses lettres, elle n'a pas toujours su garnir les valises de son mari de linge bien propre et bien repassé comme elle le fit pourtant la veille de son départ pour la guerre, et Saint-Exupéry lui-même, brutal et un brin machiste, n'avait pas manqué de lui en faire reproche deux jours à peine avant de quitter les Etats-Unis : « Je n'ai même pas une chemise sans trous pour l'Afrique du Nord, ni chaussettes, ni chaussures, ni rien... », mais l'absence, l'incertitude achevèrent ce qu'on pourrait appeler la conversion de Consuelo. La séparation est vécue comme une rédemption pour le couple : Saint-Exupéry mesure ce qu'il a laissé à New York et Consuelo l'amour pour cet homme et l'ampleur de son message, cette gravité qu'il sous-tend et dont elle ne se séparera dorénavant jamais.

L'invisible, c'est donc cette lueur sourde et profonde cachée au fond de soi que Saint-Exupéry sur l'autre continent lui apprend à découvrir et dont elle acquiert désormais les signaux.

Leurs voix à présent vibrent enfin à l'unisson. « Pour alléger ma peine, tu m'écrivais souvent : "Ne crois pas si on te dit que je suis tombé, que je suis perdu, que j'ai été fait prisonnier. Je reviendrai. Je te demande de ne pas faire comme les autres femmes américaines qui se remarient et qui ont deux époux quand leur mari revient de la guerre." Je ne crois rien, mon mari, mon amour, peut-être t'es-tu seulement retiré dans un monastère d'une quelconque planète d'où tu me feras bientôt signe comme tu en as l'habitude et je plierai alors aussitôt bagage pour te rejoindre... »

Alain VIRCONDELET,
Paris, mars 2001.

PREMIÈRE PARTIE

À NEW YORK
mi-avril 1943-1946

1 *Grasse, vers 1952*

A New York, pendant la guerre, j'ai préparé des lettres pour mon mari par douzaines. Je ne savais pas quand partirait un sous-marin, un soldat ou un général qui aurait pu les lui transmettre, et je m'appliquais à en écrire sur un bloc de papier très fin, du papier aussi transparent que la lumière. C'était devenu toute ma vie. Ces lettres, je les appelais « Lettres du dimanche » parce que j'avais commencé à écrire la première lettre un dimanche après la messe. Quand Tonio habitait Cap Juby dans le désert, nous avons employé des pigeons voyageurs pour nos lettres d'amour. Fragile était l'espérance de survivre à ce métier de pilote, mais nous avions pu quand même continuer à faire battre nos cœurs amoureusement.

2 *35, Beekman Place, avril 1943*

Tonio, mon mari,

Je retiens ma respiration pour t'écrire, tant je suis émue de m'asseoir lentement dans mon lit de malade[1] pour t'écrire ta première lettre. Dieu sait si elle t'arrivera. Si elle te touchera pourtant comme je le souhaite. Après ton brusque départ et tous ces achats qui ont été assez bien faits, grâce au dévouement de notre secrétaire, je suis restée pour faire mes comptes et vérifier si tu avais emporté suffisamment de linge, d'encre, de papier à écrire, de vitamines. Le docteur G. m'a dit que tu avais assez de sulfamides en cas d'accident grave d'avion, pour éviter une infection. Quant aux jumelles que t'a offertes Madame X., essaie cette fois, mon chéri, de ne pas te les faire voler le premier jour où tu t'en serviras.

J'ai fait mettre dans le carton à chapeau car il

1. Consuelo, juste quelques jours avant le départ de Saint-Exupéry, fut victime à New York d'une agression : des petits voleurs à la tire l'ont molestée. Dans une lettre autographe, vendue à l'hôtel Drouot le 20 mai 1976 — et dont quelques pages sont citées dans le catalogue de vente — Saint-Exupéry en rapporte le fait à Silvia Hamilton : « Sylvia (ainsi orthographiée par Saint-Exupéry), il s'est passé avant-hier quelque chose d'affreux. Ma femme s'est fait attaquer dans la rue... Pour lui voler son sac, on l'a assommée d'un coup sur la tête. Je l'ai retrouvée très malade et depuis quelque huit heures je n'ai pas bougé d'auprès de son lit... J'ai compris que si ma femme avait été tuée, je n'aurais plus pu vivre. J'ai compris la profondeur de ma tendresse pour elle. »

n'y avait plus de place dans tes valises, tes appareils photographiques, une petite radio, des chaussettes de laine, et beaucoup de mouchoirs que j'ai marqués à ton nom, avec de l'encre indélébile. C'est très laid, mais ils te reviendront du blanchissage. J'ai dessiné une petite lune pour que les voleurs soient tendres et t'en laissent quelques-uns. J'ai mis deux stylos de secours dans une tabatière. Je sais que tu les perds souvent, et quand tu allumeras ta pipe, tu les trouveras dans ta boîte à tabac. A ce propos je sais que tu n'aimes pas fumer la pipe, mais j'espère qu'aujourd'hui tu es devenu un mari sage et que tu t'habitueras à fumer la pipe pour me faire plaisir : un mari sérieux fume la pipe près de sa cheminée et c'est mon rêve. Force-toi un peu parce que les cigarettes te font tousser, le docteur m'a rapporté que l'aorte de ton cœur est bien gonflée, la pipe te fera moins de mal que les cigarettes et dorénavant je t'enverrai à chaque colis une pipe, une belle pipe en écume blanche, des pipes dans toutes les meilleures qualités de bois des îles que je trouverai en Amérique. Et n'en fais pas cadeau à tes copains. J'espère un jour avoir comme seule occupation de les tremper dans des alcools parfumés pour que tu sois heureux de les fumer à nouveau.

La première visite que j'ai eue dans ma chambre de malade quelques heures après que tu as embarqué, c'était la grosse Thérèse Bonnet. Elle m'a donné ton dernier message d'adieu et je l'admirais parce qu'elle avait pu te parler malgré l'interdiction d'approcher les soldats qui embarquaient pour faire la guerre. Elle m'a dit que tu lui avais promis d'écrire une préface pour son livre de photographies d'enfants malheureux d'Europe.

Elle m'a dit encore qu'aussitôt que possible elle partirait en France pour reconstruire un petit village en Normandie même si elle devait en crever. Quelle volonté ! Quelle force chez cette femme ! J'étais honteuse de pouvoir à peine m'asseoir et comme je commençais à m'agiter en lui parlant de toi, j'ai vu les fenêtres danser devant mes yeux, et plusieurs Thérèse m'entourer. Je n'ai rien dit de mes malaises mais elle a compris à ma pâleur que j'étais fatiguée et ma nurse [1] a dit alors que j'avais eu tellement d'émotions à cause de ton départ qu'il fallait que je prenne ma potion pour m'endormir. Mais voilà que cette potion m'a réveillée, que ma nurse s'est couchée, et que j'ai eu envie de t'écrire cette journée qui comptera sûrement dans notre vie.

Annibal est complètement fou et te cherche dans toutes les chambres. Antoinette me dit : « Ce chien a une âme. » J'écoute, ça m'ensommeille et je ne ris pas. Pourquoi n'en aurait-il pas d'ailleurs ? Est-ce que l'on sait ce qu'est l'âme des autres ou des choses ?

Moi la seule chose que je sache, c'est que je t'aime. Je sais que tu vas te faire tirer dessus et que je peux perdre mon compagnon et que désormais je serai boiteuse.

Je peux déjà répondre au téléphone. Je bouge la tête presque entièrement de gauche à droite. Mais je ne peux pas encore me laver. Si les voleurs ne m'avaient pas assommée si fort, je crois que je ne t'aurais pas laissé partir. Je subis maintenant toute seule mon sort. Je t'attends. Bonne nuit.

... /... Je reprends ma lettre. Je ne peux pas dor-

1. Consuelo appelle sa « nurse » celle qui en réalité devait être son infirmière et pour laquelle elle éprouvait une certaine affection.

mir. Un vent terrible fouette la rivière[1]. Il passe un tas de bateaux de guerre devant mes fenêtres et on me dit que ton bateau est passé juste devant nos terrasses. Paraît-il que tu es resté vingt-quatre heures en rade. Est-ce que ton bateau est sous-marin ? Je me demande s'il y a des amis auprès de toi qui parlent le français ? Autrement tu vas te sentir seul au milieu de tous ces Américains. Et tu es si têtu, mon petit mari, tu n'as jamais voulu apprendre l'anglais[2]...

3 *35, Beekman Place, juillet 1943*

Je me souviens de ce que tu m'as dit avant de partir pour Alger. Ta voix reste. Je l'entends comme le battement de mon cœur. Je l'entendrai toujours : « Ne pleure pas. C'est beau l'inconnu quand on part pour le découvrir. Je m'en vais à la guerre pour mon pays. Ne vois pas mes yeux car je pleure aussi de joie. J'ai du chagrin de te voir pleurer. Je remercierais presque le ciel d'avoir à quitter un trésor, ma femme, ma maison, mes livres, mon chien, tu me les garderas. »

Et tu as rajouté : « Chaque jour, deux lignes, trois lignes, tu verras ce sera comme au téléphone, et on ne sera pas séparé puisque tu es ma femme pour l'éternité. Nous serons ensemble à distance, nous

1. Beekman Place où loge Consuelo longe l'Hudson.
2. Allusion malicieuse de Consuelo au fait que Saint-Exupéry a toujours répugné malgré ses encouragements à apprendre l'anglais...

vivrons les mêmes jours sans regarder les mêmes choses. Ah ! que c'est doux d'avoir une maison, une fontaine, et tu sais, Pimprenelle, que ma maison, je l'ai dans toi et que ma fontaine est dans tes yeux ! Quand tu les ouvriras, je reviendrai avec une barbe blanche peut-être clopin-clopant et tu devras me trouver beau comme un arbre qui aurait reçu de la neige, la neige du temps de la guerre. Ferme les yeux, ma Pimprenelle, et je m'en irai. »

Alors j'ai fermé les yeux pour t'attendre.

Tous les dimanches, je t'écrirai, je te dirai que je t'attends. Je te mettrai des vers luisants dans ta barbe blanche et, si je le peux, une tiare d'étoiles au-dessus de ton front.

Il me semble, oui, que quand je t'écris ainsi, je sauve quelques parcelles du beau et du bon que tu m'as confiés en dépôt.

Je me souviens de tes lettres de New York tandis que je vivais à Oppède[1]. Tu me faisais le récit de tes journées passées à manger des gâteaux et à prendre le thé chez les grandes bourgeoises américaines. Plus tu t'acharnais à les décrire poétiquement, pardonnant leur mauvais goût, leurs bonnes intentions, leur bonne volonté à imiter tout ce qui est français, moins tu parvenais à me les rendre sympathiques. A présent que c'est moi qui suis toute seule à New York, je continue à ne pas les aimer.

Il m'est arrivé l'autre jour une drôle d'histoire. Tu sais qu'ici il faut déplacer les pompiers et tout

1. Consuelo fait allusion au séjour qu'elle passa au tout début de la guerre, en l'absence de Saint-Exupéry, déjà parti aux Etats-Unis, dans le Vaucluse, à Oppède-le-Vieux, en compagnie d'un groupe de jeunes artistes des Beaux-Arts et des Arts-Décoratifs.

le saint-frusquin pour sauver un misérable pigeon qui s'est écrasé sur la chaussée. Je me suis trouvée dans la 5e Avenue, surprise devant Mademoiselle Colombe toute blanche qui résistait bien moins que moi aux 40° d'un soleil de juillet, sur le macadam de New York... Je l'avais vue s'écraser depuis un balcon du cinquantième étage et je ne voyais que l'ombre de ses ailes qui menaçait de sa chute ondoyante les passants. Emue, je l'ai prise dans mes mains et suis entrée dans la plus proche pharmacie. J'étais très heureuse de fuir, ne serait-ce qu'un instant, l'horizon noir de la guerre... Une dame m'a cédé son tour, apitoyée par la blessure de la colombe que j'avais entourée de mon mouchoir. Le pharmacien n'a pas même eu le temps d'ouvrir la bouche que des gendarmes géants débarquèrent dans la pharmacie, accompagnés des sirènes hurlantes des voitures d'incendie ! Ils m'arrachèrent l'oiseau des mains prétendant que je n'avais pas observé la loi. Et si j'avais été citoyenne américaine, ils m'auraient emmenée au poste de police pour expliquer ce geste défendu à New York !

Je ne sais pas pourquoi je te raconte toutes ces petites histoires sans intérêt. Sûrement vas-tu trouver mes lettres bêtes, mais j'ai besoin de parler tout haut avec toi. Je n'ai plus qu'Annibal, notre chien, qui te cherche dans les placards et qui est inquiet à chaque coup de sonnette. Ah oui ! on attend tous les deux ton retour avec impatience.

J'ai commencé à me servir du dictaphone que je t'avais acheté pour écrire tes livres. Tu m'as dit avant de partir de m'en servir, tu t'en souviens. Et tu avais raison[1] : quand je prends le petit téléphone de la machine, il me semble que tu es derrière le mur ou dans une autre maison, pas très loin. Mais tu dois être dans ton bateau, ton sous-marin qui t'emmène si loin de moi. Je gratte les bords de mon lit dans ma chambre solitaire en me disant : « Mon mari trouvera le moyen de me raconter son voyage dans cette maison flottante tellement en péril. »

Vois-tu, Papou, je ne sais pas très bien ce que c'est qu'un mari. Je ne sais pas où commencent et où finissent les droits de l'un et de l'autre, mais je sais qu'un couple, c'est comme une merveilleuse plantation à partager.

4 *35, Beekman Place, été 1943*

Je sais que tu es mon mari et que cette fois tu as emporté tout l'héritage de la plantation. N'oublie pas que j'ai confié dans tes mains mon seul et unique bien : ta vie. Et que tu dois me répondre un jour de tous les égarements faits, de tous les mauvais soins que tu auras fait endurer à mon Papou.

Conseils à retenir : quand tu auras perdu la douzaine de stylos qui sont dans ta malle numéro 2, tu en as encore un que j'ai attaché avec une chaîne

1. Cet appareil, très moderne à l'époque, avait été offert par Consuelo à Saint-Exupéry pour qu'il révisât son anglais et dictât certaines pages de ses ouvrages. Saint-Exupéry ne s'en servira guère. Consuelo l'utilisera pour quelques « lettres du dimanche » et l'emportera dans ses malles de retour.

dans la doublure de ton costume militaire bleu marine. Tu trouveras dans la même poche ta légion d'honneur extra, parce que je sais que celles qui sont dans les colis, tu ne les trouveras jamais... Dans ce costume, j'ai mis aussi une petite réserve de Vencédrine, un paquet de Pulmoll[1], un petit carnet en parchemin qui peut supporter l'eau, un morceau de liège je ne sais pas pourquoi, et mon petit revolver qui ne m'a jamais quittée, celui qui m'a été offert par mon premier mari. Pardonne-moi de trouver sur le manche de nacre son nom gravé, mais tu sais que c'est une arme de précision extraordinaire. Elle tue instantanément à bout portant avec une sourde détonation. J'ai vu Enrique[2] tuer ainsi un grand chien enragé qui allait me mordre dans les rues de Tolède. C'est aussi un bijou que tu pourras vendre si besoin est parce qu'il est incrusté de feuilles d'or.

Sûrement cette arme a-t-elle appartenu à quelque prince maure voulant se servir d'une arme silencieuse. C'est difficile de trouver des balles à son calibre. C'est pourquoi j'en ai mis une vingtaine dans une petite boîte de carton que j'ai glissée dans une de tes bottes de cheval. Même si tu es furieux, j'ai mis, oui, ces bottes de cheval dans tes bagages. Sait-on jamais si à Alger l'envie te prenait de faire du cheval ?

Dans les poches de ton costume civil, tu trouveras des petites surprises que je ne veux pas te dévoiler

1. Pastilles pour lutter contre les maux de gorge.
2. Il s'agit du second mari de Consuelo, Enrique Gomez Carrillo, diplomate et écrivain d'origine guatémaltèque, décédé en 1927. Consuelo connut Saint-Exupéry en septembre 1930.

dans cette lettre. Des choses que je crois pratiques pour toi. Tu m'excuseras si tu les trouves inutiles.

Dans mon carton à chapeau, j'ai mis un dictionnaire franco-allemand et une carte de géographie. J'ai ajouté le carton à chapeau parce qu'il est plus résistant que les valises en fibres. Denis[1] m'a dit en le voyant parmi les grandes valises en peau de porc : « C'est très drôle : est-ce que vous lui avez mis son chapeau melon dedans ? » Je n'ai même pas pris la peine de lui répondre.

Tout ce fouillis sera un petit peu de moi. Dieu sait dans quelle mansarde, dans quelle cabine, dans quel garage tout cela ira vivre en pagaille ? Mais je m'en moque pourvu que tu reviennes, même nu comme un oiseau. J'ai envie d'apprendre à faire des chemises, de grands vêtements pour te recevoir. Ce doit être une grande satisfaction d'assembler des tissus qui envelopperont l'être que l'on aime, c'est comme si l'on pouvait faire la coquille de l'œuf à son poussin. Si j'étais une reine, je ferais une loi qui obligerait toutes les femmes à savoir confectionner les vêtements de leur mari. Mais pas les souliers, c'est trop dur, c'est le mari qui doit les fabriquer, puisque même les chevaux, ce sont les hommes qui les ferrent...

1. Denis de Rougemont, ami du couple, confident de Consuelo pendant les absences de Saint-Exupéry et après sa disparition. On lui accorde fréquemment le statut d'amant de Consuelo quoique cela ne soit pas totalement prouvé.

5 *35, Beekman Place, été ? 1943*

Tonio, mon amour, mon âme, il y a à peine quelques semaines que vous êtes passé devant mon lit d'où je regarde la rivière Hudson. C'est vous qui m'avez dit que les ordres de l'armée faisaient passer les sous-marins dans les profondeurs des eaux de l'Hudson qui va jusqu'à la mer. Vous avez ajouté que je ne vous verrai pas à cause des lumières électriques qui forment des reflets fantastiques sur l'eau mais que vous m'embrasserez si fort dans votre cœur que je sentirai vos caresses toute la vie et que si vous ne reveniez pas, la rivière me parlerait de vous, de nous.

Je me souviens, les premières heures après votre départ, je suis restée paralysée dans mon lit. Vous savez bien que je suis encore malade de ce coup du père François qu'on m'a donné sur la tête juste quelques jours avant votre départ, la nuit, dans la rue près de notre maison de New York. Avec quelle tendresse vous m'avez emmenée au Center Hospital[1], comme vous avez veillé sur moi ! Je ne pouvais plus parler mais j'entendais le docteur vous dire : « On va la faire marcher, l'aider à sortir du lit. Elle entend ce que nous disons. Si elle atteint toute seule la salle de bains, on ne touchera pas à ses mastoïdes. » On ne savait pas encore de quelle gravité était le coup du père François sur mon petit

1. A Silvia Hamilton, Saint-Exupéry écrit encore à propos de cette agression : « Je me sens tout à coup prodigieusement responsable d'elle comme un capitaine de navire... Il me semble que ma vigilance de chaque seconde peut seule permettre la réussite de cette affreuse traversée vers le soleil. » (Catalogue de la vente Silvia Hamilton, du 20 mai 1976 à Drouot. Lot numéro 52.)

cerveau. Vous me parliez à l'oreille, vous me touchiez de vos chères mains, et vous avez dit au docteur : « Je la laisserai au milieu de la pièce pour qu'elle entre toute seule dans la salle de bains », et vous m'avez conduite vers elle avec votre fluide étonnant. Vous aviez un magnétisme inconnu que le ciel vous a donné et que votre amour pour moi a développé. Souvent à cause de lui, j'avais peur parce que vous deviniez le lendemain et que vous redoutiez le futur.

Quand Thérèse est venue me rapporter cette lettre que vous avez lui avez confiée pour moi, elle a pleuré avec moi près de notre lit à baldaquin. Annibal lui faisait des fêtes et moi je tremblais, je pleurais à chaudes larmes. La nuit entière, je n'ai pu dormir, je n'ai pu manger. Je veillais sur le sort de votre sous-marin, je priais, j'implorais Dieu, je n'entendais aucun bruit, mais je vous sentais traverser les eaux, chaque minute, parce que vous n'étiez pas dans ces eaux-là, vous étiez et vous êtes encore en moi, dans le plus profond de mes entrailles. Vous savez, Tonio, que vous êtes mon fils aussi.

Aujourd'hui, je comprends vos prières à Dieu quand vous lui disiez : « Seigneur, faites-moi comprendre ma vie et tout sera fait. » Comment vous dire, d'un trait, d'un mot de cette lettre, toute l'angoisse que j'ai eue de vous savoir enfermé dans ce bateau fragile, bien que je sache alors que vous étiez escorté par d'autres bateaux pour vous défendre ? Je savais que vous arriveriez à bon port, mon amour, et me souviens de ce secret que vous m'avez dit à l'oreille, quand je sanglotais contre vous : « Faites-moi un manteau de votre amour, Consuelo, ma Pimprenelle, et je ne serai pas touché par les balles. » Je vous l'ai fait ce manteau, mon chéri, mon amour. Je l'ai cousu chaque jour de mon amour pour vous. Mon chéri, quelquefois, je sens le froid du bronze et du marbre me geler les pieds, mais pas le cœur, parce que même si vous ne deviez jamais revenir, je serai toujours derrière vous, vous me ferez une petite place, près de vous, près du Petit Prince, là-bas, auprès de Notre-Seigneur.

Je voudrais que vous effaciez toutes ces vilaines pensées que vous avez pu avoir au sujet de la gentillesse et des yeux doux que me faisait notre voisin, quand il jouait aux échecs avec vous. Quand je m'approchais de vous, vous vous mettiez à crier : « Consuelo, montez ! » Et bien que nous ayons un valet de chambre et Madame Bouchu, vous exigiez que ce soit moi qui vous apporte votre thé chaud, et je voyais votre regard noir se poser sur notre voisin... Mon chéri, je sais que vous oubliiez très vite ces idées de jalousie une fois que vous teniez votre vengeance qui était de gagner la partie d'échecs. Vous lui avez permis souvent cependant de gagner une partie quand je vous le demandais d'un regard. Vous savez, c'était un drame. Un drame pour lui, vous ne le sentiez pas, mais il était très malheureux.

Aujourd'hui, je suis seule, mon mari, mon guerrier-pilote. Quand je repense à nos jours d'amour, je pleure et je pleure. Je me rappelle, place Vauban, quand nous y habitions, que vous sortiez à trois heures du matin avec notre tout petit chien. Ce grand homme qui promenait son chien, c'était étrange. C'était pour vous un délassement, vous écriviez toute la nuit et à quatre ou cinq heures, vous sortiez votre petit chien, vous lui faisiez faire le tour de la place, vous poussiez jusqu'aux Invalides. C'était vraiment grandiose. Vous regardiez le jour se lever, les premiers reflets du soleil naissant sur la coupole des Invalides, et vous restiez longtemps à regarder le ciel, à penser, me disiez-vous, à la suite de vos écrits. A cette époque, vous veniez d'écrire *Terre des hommes*, et vous disiez : « Qu'est-ce que je vais écrire maintenant ? Je ne suis pas un écrivain. » Et il fallait que je vous remonte, comme une petite clé remonte une machine et alors, une fois que je remontais la corde, vous repartiez pour écrire deux cents pages, trois cents même, que vous retravailliez tellement qu'elles devenaient cent à peine ! Vous me disiez : « Mais Consuelo, je ne peux pas écrire quand même : "Madame la duchesse est rentrée à telle heure, et a pris le thé..." J'ai quelque chose de plus important à dire aux hommes. Il faut que ça se forme d'abord en moi. »

C'était cela notre amour, mon Tonio, mon grand absent. Ces grandes joies et ces peines, ces larmes et ces rires. Et cette chose que vous n'oubliiez jamais de me dire : « Vous avez beaucoup enduré, petite Consuelo, mais je vous remercie de votre confiance et de votre patience. Sachez que je suis uni à vous par les sacrements et que rien ne nous séparera. »

6 *35, Beekman Place, été ? 1943*

Mon chéri,

Dites-moi vite que vous recevez mes lettres, j'aime vous écrire, j'aime vous parler, cela me console un peu. J'ai peur, j'ai des crampes à cause de mon pauvre soldat français ! Mais je sais que tu sais me lire, que tu sais me toucher, que tu sais m'écouter, que tu sais me répondre (ah ! mon Papou, je n'aime pas penser aux mauvais jours de ton absence), je vis encore dans ton absence. De méchants esprits m'ont-ils donc condamnée à demeurer pour toujours dans l'absence ? Non, je ne veux pas le croire, demain, cette nuit, tu viendras m'embrasser, tu viendras presser ton grand corps chaud contre moi, j'ai besoin d'être rassurée, à force d'attendre, à force d'absence, je deviens un peu folle pour de bon... Je joue avec moi-même, je me dis : « Tonnio, il est là dans l'autre pièce, il attend un coup de téléphone, ah ! va-t-il finir de parler à ses "teigneuses" (elles, les autres, sont toutes des "teigneuses"), as-tu fini de parler ? Tonnio, viens me voir, tu vois, je pleure, ne m'oublie pas. »

Chéri, fais-moi une belle préface par exemple, une lettre de vous, pour mon livre d'Oppède. Je vous enverrai bientôt un passage du livre. Trouve-moi un beau titre pour lui. S'il se vend et si j'ai un peu de dollars, je nous offrirai une belle maison au Mexique ou bien une ferme ici. Que préférez-vous ? Ou en Californie ? Ou sur les bords de Seine ? Vous avez toujours eu besoin d'espace, votre taille d'arbre demande un champ pour vous tout seul, et plus il est grand, plus il est vôtre, plus la récolte est riche.

Je me souviendrai longtemps des premiers soins que je vous ai donnés à Buenos Aires quand vous ne songiez plus à écrire. C'était bien difficile de vous défaire de vos habitudes de célibataire, d'astre errant, et de revenir aux sages travaux d'un petit garçon qui s'attelle à son bureau, qui taille ses crayons, et chaque jour fait son devoir pour que son maître soit content de lui. Chéri, vous êtes la plus belle découverte que j'ai faite sur cette Terre. Bien entendu, c'est vous qui m'avez aidée à la faire, c'est votre première lettre de vingt pages qui m'a éclairée. J'ai tout compris de ce désespoir dans lequel vous étiez submergé depuis de longues années. Cette lettre d'amour qui m'était adressée comme une prière à une fée inconnue, à l'idole cachée, à n'importe quelle force qui pourrait venir à votre secours pour vous délivrer, c'est à moi que vous l'avez adressée.

Grand et fort, vous me racontiez la magie de votre vol de nuit, mais beaucoup plus que cela encore, vous demandiez avec la timidité d'une jeune vierge que votre voile vous soit arraché, pour crier au monde le message que vous pressentiez en vous. Ce n'était pas seulement à une femme, ce n'était pas à moi que cette lettre d'amour, que cette tempête de vol de nuit était écrite, je me trouvais là, elle portait mon nom, et je me rappelle encore la première ligne : « Consuelo chérie, si vous le voulez. » Et à la fin de votre lettre, de cet orage de vent de Patagonie, jusqu'à l'Avenida de Mayo où je résidais, avec votre instinct de chasseur des montagnes, d'imprévus et d'étoiles, vous m'avez élue : ainsi je suis devenue la clé de vos heures. Et cette conquête, vous l'avez signée : « Vôtre, si vous l'acceptez. »

Par amour de la beauté, grâce à la magie de notre premier vol commun, j'ai suivi de mes yeux votre regard intelligent à travers les difficultés immenses que vous traversiez dans cette Compagnie de l'Aéropostale argentine dont vous étiez le chef à Buenos Aires[1]. Et la tentation fut grande de m'engager auprès de vous pour rentrer dans les spirales de votre cœur qui était ce que les romantiques appellent encore de nos jours un cœur tendre. J'étais bien enchaînée déjà par votre sourire d'ange et de mage, par les mille détails de présence affectueuse que vous me donniez. Et aujourd'hui encore j'ai frais dans la bouche à me souvenir de ces fruits exotiques que vous me rameniez, de ces coquillages qui arrivaient d'un pays froid dans un pays chaud, du lionceau qui à propos était une femelle, et qui ne savait pas m'aimer parce qu'elle vous préférait, vous, Papou...

Je suis bien récompensée de vous avoir dit oui. Je suis vôtre. Et je continue à être votre compagne de toutes les heures. Habillée d'un manteau brodé de larmes, je pense toujours à vous. Les petites choses me consolent quelquefois. Exilée de France, je respire mon parfum Vol de Nuit. Je me souviens du jour où vous êtes entré dans notre appartement de Paris en me disant tendrement : « Je crois que je vais vous faire un joli cadeau, Monsieur Guerlain,

1. D'octobre 1929 à 1931.

le parfumeur, a fait un parfum avec le nom de notre livre *Vol de Nuit*[1] », et modestement vous m'avez expliqué pour que je ne sois pas vexée de mon ignorance sur les parfums, qu'un parfum ne se fabriquait pas sur le moment, que c'est un travail de longue haleine. « Comme un élevage de champignons, on le cultive, on le mélange, on attend des jours et des jours pour bien mélanger les ambres et les essences de toutes les fleurs et quand un parfum est sur le chantier comme un nouveau prototype d'avion on le respire. Les connaisseurs d'abord et alors seulement on appelle la poésie à la rescousse pour le baptiser. »

Me voilà bien romantique maintenant en pensant à ce parfum, attendrie par tous les cadeaux et les souvenirs de notre vie heureuse.

Vous savez que je vais beaucoup mieux, je crois que bientôt je ferai des pointes pour être gracieuse comme une danseuse, pour vous recevoir, mon bien-aimé.

Le monde n'est pas méchant avec moi. Au cours de notre vie, j'ai appris à être humble. Je suis enchantée du moindre cadeau du jour. Il faut dire que vous seul êtes mon plus beau cadeau. A bientôt, mon chéri.

1. Vol de Nuit, 1933, Jacques Guerlain, Oriental, boisé, épicé. « Vol de Nuit tire son nom du roman d'Antoine de Saint-Exupéry qui relate l'excitation et les péripéties souvent associées à l'aviation au début des années 30. Dans ce roman, un pilote tout jeune marié perd le contrôle de son avion tandis que son épouse, dans la tour de contrôle, attend fiévreusement un signe de vie. Vol de Nuit est un vibrant hommage à cette émouvante histoire d'amour et aux femmes qui savent accepter le risque. Le décor en relief sur le flacon représente une hélice d'avion en mouvement. Le nom découpé dans un cercle de métal doré évoque la ceinture de cette hélice. » (Archives Guerlain.)

7 *35, Beekman Place, été 1943*

Oui, mon mari, je t'aime. Toi. A chaque heure, elle grandit, la maison que je t'ai faite dans mon cœur, et tu peux te promener tranquillement bien loin de moi dans la guerre. Ta maison est à l'abri de la tempête des balles et même de la coquetterie des autres femmes qui te veulent...

Tu reviendras à la maison parce que j'ai planté des géraniums sur ton balcon. Annibal les mange et je le bats, cela m'occupe. Il ne dit rien, et me regarde de ses grands yeux ronds. Je n'aime pas les bouledogues, leur bouche est trop grande. Dès qu'Annibal est heureux, il salive trop. Cela tache mes robes et le tapis. Tu oublies, mon Tonio, que nous louons Beekman Place et que ce que nous devrons au propriétaire à cause des objets cassés par le chien va nous ruiner. Et cependant je ne peux pas me défaire de lui. C'est un morceau de Toi, un morceau difficile qui grandit à vue d'œil, qui a été très mal élevé, par Toi, mon chéri. Je ne veux pas te gronder mais considère, mon mari, que je suis obligée, comme tu l'as habitué, de lui faire des bulles de savon chaque soir, avant de me coucher, avant de faire ma prière, avant de rentrer les chaises du jardin qui d'ailleurs sont très lourdes, je te l'avais dit quand nous les avions achetées... Je les ai fait peindre de nouveau pour ton retour.

Si la guerre ne finit pas de suite, tu viendras en

permission me voir, c'est promis, dis oui, mon mari. Je suis malade de ton absence. Tu sais, les jours sans toi, sont si longs, si lourds, comme tes vols de nuit, autrefois. Dépêche-toi de finir cette guerre. Je m'afflige, seule avec Annibal, je n'ai personne à qui parler. Parfois je crois que je suis devenue folle parce que les gens ne comprennent pas très bien ce que je leur dis. Nos amis protestants m'ont désespérée, hier, jusqu'à en pleurer. Ils me trouvaient insensée de t'attendre ainsi... Ils disaient que la guerre durerait longtemps encore et que je devais me faire une raison... Mais je les laisse parler...

J'ai fini l'aménagement d'été de ton bureau. Les fauteuils sont beaux, les tables bien cirées. Les tonnes de papier que tu as noircies en hâte avant ton embarquement, je les ai rangées avec beaucoup de soin, sois tranquille, dans deux coffres munis de très belles serrures et j'étais fière d'avoir mis de l'ordre chez toi. N'aie pas peur, je n'ai pas perdu un seul petit papier[1], et je préparerai bientôt un coffre plus grand, plus luxueux pour les papiers que tu ramèneras de la guerre. Cette sale guerre qui me fait tant pleurer... Ta tristesse aussi me fait mal, je voudrais t'en guérir, te l'enlever comme les oiseaux du Salvador savent chasser la tristesse dès qu'ils chantent. Pourquoi les gens d'Alger qui se retrouvent là par la force des choses ne s'aiment-ils pas[2] ? La haine que tu m'as bien appris à détester, la haine, la laideur sont décidément toujours là...

1. Consuelo aimait ranger le bureau de Saint-Exupéry, à son grand désespoir...

2. Allusion aux sourdes rivalités qui opposèrent les généraux Giraud et de Gaulle à Alger.

Merci, mon petit mari, de m'avoir mise en garde contre elles. Je t'embrasse devant les yeux larmoyants d'Annibal qui se demande ce que je peux faire à rester si longtemps assise dans le même fauteuil sans bouger. Il est habitué à me voir, depuis ton départ, du matin jusqu'au soir, aller et venir, jusqu'à l'épuisement de la nuit.

Je ne sors pas. Deux mois aujourd'hui que tu es parti. Je n'ai pas encore mis les pieds dans les rues de New York puisque j'ai un jardin, de sombres questions sur lesquelles réfléchir et que je suis encore convalescente. Mes voisins me conseillent de quitter cette grande maison, de prendre un petit appartement pas trop cher et d'aller te rejoindre à Alger, et je ne peux leur dire que tu me défends de venir puisque tu feras bientôt la guerre, et que tu seras loin d'Alger, aussi loin de moi qu'à New York où je n'ai plus de chances de recevoir tes lettres sinon grâce au miraculeux passage près de toi d'un aviateur... Mais je me dis que j'ai quand même nos livres, nos souvenirs...

Je t'envoie de l'encre, deux nouveaux stylographes, ton courrier, et surtout, chéri, une prière que je dis chaque soir et que je te confie :

« O Seigneur, soigne mon mari. Tu sais ce que j'éprouve pour lui. Si on m'enlève mon mari, désormais je serai seule et orpheline. J'ai vu un jour ma petite sœur devenir subitement une petite vieille. Dans le jardin public, on lui avait volé sa poupée. Jamais plus elle n'a voulu jouer avec d'autres poupées ni en regarder une. Moi aussi, j'ai renoncé à jouer à la poupée par respect pour son chagrin et nous nous sommes éloignées de toutes les poupées de la Terre. O Seigneur, vois ce que je deviendrais si mon mari ne me revenait plus. Protège-le[1]. »

J'ai le cœur serré, mon Tonio, je ne veux pas que la guerre te vole à moi. Tu as toujours su me revenir. J'ai confiance en Dieu, en Toi, tu me reviendras, mais fais attention à tout, même à tes doigts de pied, rappelle-toi que le sable te provoque des picotements, ne marche jamais pieds nus, n'oublie pas de prendre des médicaments tous les soirs, puisque tu me dis qu'on boit beaucoup d'alcool avec tes camarades...

Le Petit Prince est sorti en librairie. Je t'en envoie trois exemplaires, ne les donne pas au premier venu, c'est difficile de séduire un général qui veuille bien se charger d'emporter des livres. J'ai dû aller jusqu'à Washington. Je t'attends pour me dessiner des petits princes sur mon manteau blanc...

A ton retour, on invitera Nadia Boulanger[2], et toute la nuit, même si on saoule nos amis de musique, on jouera comme autrefois du Bach, du Wagner, du Beethoven, et après nous partirons à la campagne, en l'honneur de ton livre, *Le Petit Prince*, qui a beaucoup de succès ici. Puis dès que possible, nous irons en Chine et aux Indes, et nous passerons par Salvador pour embrasser ma mère.

J'AI
MIS DANS
CETTE PYRAMIDE
UN TAS DE TENDRES BAISERS.

1. Serait-ce donc Consuelo qui incita Saint-Exupéry à lui écrire à son tour la fameuse prière « que doit dire Consuelo chaque soir » ?

2. Amie du couple, musicienne qui avait conçu le projet d'adapter *Le Petit Prince* en musique.

8 *35, Beekman Place, octobre 1943*

Tonnio,

Hier, je vous ai envoyé une lettre, bien tendre, mais pleine de taches d'encre. J'ai toujours sur ma table une lettre pour toi, jamais finie, jamais envoyée, qui veut dire seulement que tu es présent, bien près de moi. Ainsi je te parle de tout quand je m'afflige, quand je m'angoisse de cette dure absence, qui dure toujours, toujours comme dans les contes cruels des *Mille et Une Nuits*... Les saisons passent sans ton retour.

A West Port[1], je t'ai écrit de ma petite maison de campagne, le petit chat affamé est venu me réveiller par une nuit fraîche, et il a été si heureux de boire du lait et moi j'étais si heureuse de pouvoir lui en donner, de le réchauffer. Je m'occupe ici de mon chauffage, car c'est déjà octobre et il ne faut pas cesser de mettre du bois dans les cheminées. J'ai reçu un coup de téléphone de notre bon Rouchaud[2], me disant que j'ai peut-être une chance de t'envoyer un petit cadeau, un petit paquet de Noël. Alors j'ai couru à New York toutes les boutiques. Ah ! pourquoi n'ai-je pas trouvé un petit miroir magique ? Ainsi en le frottant, tu aurais pu m'avoir près de toi, quand tu l'aurais voulu ! Je voudrais

1. Avant de louer Bevin House, Consuelo et Saint-Exupéry louèrent une petite maison de bois, à West Port.

2. André Rouchaud, ami du couple et confident de Saint-Exupéry.

aussi trouver une machine à écrire qui ne fasse pas de fautes de grammaire comme je peux en faire... cela m'agace beaucoup. Quelle différence quand je lis tes douces et bonnes lettres, mon chéri, mon chéri...

Me trouvant donc à New York, j'ai été assez perdue devant tant d'objets divers à t'envoyer et je me suis dit que toutes les provisions de tous les magasins ne sont pas assez pour mon amour qui est à la guerre. J'ai commencé par t'acheter une valise plus grande que celle que Vancellius t'a portée. Alors une fois que je l'ai bien remplie, j'arrive chez le monsieur qui peut te la faire parvenir si le ciel le permet. Quand je suis arrivée, il m'a dit : « Et pourquoi n'envoyez-vous pas aussi le Rockefeller Center ? Et la Grande Horloge ? » Alors j'ai ouvert humblement ma valise toute neuve et toute pleine, et Madame Souvarine a intercédé en ma faveur pour la montre suisse qui marche huit jours sans être remontée, et son mari pour la jolie pipe blanche et pour les cartes, puisqu'il a tant goûté autrefois les tours que tu lui avais faits et le reste n'a pas été retenu... C'est désespérant de ne pas pouvoir envoyer des choses, rien n'arrive ou alors par miracle... On me dit ainsi que beaucoup d'amis envoient des choses à Gide à Alger et que rien ne lui parvient...

Chéri, serons-nous ensemble pour la fin de l'année ? Ah ! Dieu sera bien bon pour moi, pour nous deux... et jamais plus l'on ne se fera de peine. Tout ce que tu feras sera bien fait et je sais que rien ne me fera de mal. Je souffre tant de ton absence et du danger moral qui te guette... Tu as été très fatigué, très éprouvé, il faut que tu gardes une provision de forces pour tes vieux jours. Pour ton grand travail... Tu sais, mon Tonnio, c'est la première fois que tu vas t'asseoir avec la conviction de faire de la lumière pour les autres, alors tu seras calme et très beau, et tranquille auprès de ta femme, et tu finiras auprès d'elle en rayon d'or... Je prie le ciel pour que tu ne sois pas découragé, attristé de tant de malentendus sur la Terre. Mais tu es réellement grand, Tonnio, et tu es jeune, mon mari, tu ne ramasseras pas les petites choses de la vie, les restes, tu créeras, mon amour, ta rose et de la vie. Tu es un vrai mage de la beauté et tu sais faire tant de bien aux autres, tu leur apprendras à aimer la vie, malgré la grande difficulté que tu as à marcher parmi l'humanité qui est une vraie pâte à former, et tu la voudras plus pure, plus sûre. Je vous fais des compliments, mon époux, qui ne sont pas des compliments mais des vérités qui me sont difficiles à dire personnellement : quand tu es inquiet, parce que tu donnes tant de toi dans tes livres, garde-toi bien de tout mal, de toutes les douleurs morales, celles qui rongent et qui apparaissent toujours dans une œuvre. Je ne veux pas que tu sois marqué, toi, par des choses laides. J'accepte volontiers ta lutte, dans le désert, dans tes avions, cela n'a pas été toujours facile, n'est-ce pas, mon amour, mon enfant chéri ? Tu vois, le ciel nous aime, je crois que toi et moi nous sommes un cas : des enfants protégés par Dieu. Même le mal de nos natures folles et ardentes ne nous a pas tués. Alors, chéri, pense à tout ce que tu as à faire, et combien il y aura de joies pour ta rose, ta rose vaniteuse qui se dira : « Je suis la rose du roi, je suis différente de toutes les roses, puisqu'il me soigne, me fait vivre et qu'il me respire... » Et je te raconterai les nuits des dangers et les nuits des larmes et les nuits d'espoir à attendre mon roi... Et je renaîtrai, et j'embaumerai tout mon entourage pour qu'on me sache sa sacrée vraie rose, sa belle rose. Ta rose... Ah ! je t'écris à la machine, parce que je ne pourrai jamais t'écrire aussi vite avec ma plume, ma main tremble trop quand je suis émue.

Amour, que je te dise combien je supplie le Ciel de me laisser un peu de vie et de jeunesse pour aller à ta rencontre... La joie que tu me donnes en me disant que je suis toujours ta Pimprenelle embaumée. Ah ! je veux bien l'être ! Alors comme je le désire tant, je serai telle que vous me voulez. Je crois, chéri, pour la première fois depuis bien longtemps, qu'il n'y a que moi dans ton cœur, pour aujourd'hui, pour demain, pour la vie... Tu es mon grand miroir, mon seul pays... L'idée contraire me paralyse, m'empêche de respirer. Je ne pourrais souffrir des malentendus entre vous[1] et moi.

Je vous aime, je vous aime, mon amour.

Votre Pimprenelle, Consuelo.

9 *35, Beekman Place, automne 43*

A peine éveillée, je relis ta lettre et le black-out d'hier soir est bien oublié. Je parle de toi avec la

1. Consuelo alterne sans cesse voussoiement et tutoiement.

rivière, cette belle rivière si virile de l'Hudson. Je souris et j'entends le son de ta voix, de bien près quand tu essayais de prononcer le mot : Hudson... Certainement mon amour, vous n'apprendrez jamais l'anglais et vous avez bien raison, puisque vous avez la joie de connaître le français si joliment.

Le ciel de New York est brumeux. Je vois à peine les bateaux passer devant ma fenêtre maquillée de bleu... Seule ta lettre me prodigue des caresses. Je suis ton abricot pour l'éternité. Je vous donnerai des fruits, toujours quand vos mains se tendront vers moi parce que nous sommes bénis par Dieu. Oui, mon mari, quelle joie d'être votre compagne de toutes les heures !

Je me soigne. Je me surveille. Je me dis que si je suis présente auprès de vous à toutes les minutes de votre guerre, aucun mal ne pourra vous arriver ou bien nous serons tous les deux frappés de mort.

Ne vous sentez jamais seul. Mon cœur bat près du vôtre. Chaque matin, c'est votre visage souriant qui m'est refuge et que je vois près de moi, et j'espère que vous aussi dans vos bonjours de lumière, c'est mon visage que vous atteignez d'abord et qui vous apparaît. C'est si dur, si amer de ne pas pouvoir porter secours à vos blessures, à vos rhumatismes, avec mes mains tout entières tendues vers vous. Je vous vois seul comme un petit garçon privé de sa mère, obligé de panser son coude. Je vous vois grognant, cherchant le compte-gouttes, je vois toutes les boîtes de médicaments pêle-mêle et des larmes chaudes me coulent dans l'agonie de cette attente, de cette séparation qui, je l'espère, sera la dernière épreuve de notre vie. Je m'étais promis d'être gaie, de vous parler de théâtre, de musique, des nouveaux livres parus, mais tout n'est que bruit qui veut cacher ce silence d'espace qui nous éloigne aujourd'hui. Pourtant j'avais bien appris autrefois, Papou, dans les attentes des vols de nuit, à tricoter le bonheur de votre retour. Je pose ici ma tête sur l'oreiller mais elle ne veut pas y rester. Des poids aussi grands que le monde y sont enfermés et je me lève pour t'attendre et je t'écris.

Il me manque ton bruit. Ton désordre de papiers qui formaient des montagnes sur les tables et même sur notre lit. Je n'ai personne à gronder, je n'ai personne à qui donner à manger de bons petits plats qui sentent la France, sans toi les déjeuners me sont indigestes.

Les gentils amis me font remarquer que je lève le coude facilement et que je ne me nourris pas assez ! J'ai adopté un petit restaurant, L'os à moelle, pour aller dîner quand, le soir, la maison devient lugubre. J'harnache Annibal avec son collier mexicain, il comprend très vite que nous allons nous promener et ses yeux deviennent aussi brillants que l'or et l'argent de son collier et cela me paie du mal qu'il me donne de le conduire depuis Beekman Place jusqu'à la Troisième Avenue, il me tire très fort, on dirait un jeune taureau qui reçoit sa première banderille ! Le jour où tu reviendras, tu verras ton Hercule, quel bel animal ! Et les sauts de joie qu'il te fera. Cela sera unique à voir, ne crois pas que je devienne gâteuse avec notre chien. Les gens s'arrêtent dans la rue pour me demander son âge, son nom, et je prends un air modeste pour énoncer toutes les qualités de son pedigree... Tu seras fier mais c'est moi qui le serai moins, parce qu'il te fera des débordements de joie si sauvages que je ne pourrai, moi, toute petite, rivaliser avec lui... J'aimerais t'envoyer nos beaux candélabres en argent pour éclairer ta baraque. Les bougies, j'arriverai à te les faire parvenir, peut-être seulement trois parce que les guerriers qui traversent ton pays n'aiment pas se charger les poches ! Et si ces trois bougies sont toutes petites comme des bougies de gâteau d'anniversaire, ne m'en veux pas, tu sais que toute mon âme est un immense cierge qui brûle comme le soleil pour toi seulement.

Annibal et moi serions si contents de venir te rejoindre et faire des tempêtes de sable en jouant autour de ton camp. Un jour, promets-moi de m'emmener avec toi dans le désert pour y attendre le Petit Prince. Garde-moi une de tes gamelles de fer et je partagerai ton repas. Et promets-moi, mon grand garçon, même en rêve, de ne jamais penser à mourir là-bas, quand les vieux méchants te poursuivront en vol. Près de qui mes cheveux deviendraient-ils alors blancs ? C'est ensemble que je voudrais que nous fassions le grand voyage. Parfois je pense à Stefan Zweig qui a embarqué sa femme dans sa caravelle aux voiles du temps et je me dis qu'ils se sont tant aimés[1]... Mais je veux chasser ces lugubres pensées ; de toute façon, pour nous deux, mon chéri, il est défendu de penser au suicide, puisque chrétiens nous sommes et en chrétiens nous mourrons...

Mon petit enfant, revenez-moi bien vite, je suis tellement encombrée de moi.

1. Allusion au suicide de Stefan Zweig et de sa seconde femme en 1942, au Brésil, qui a bouleversé toute l'Europe.

10 *35, Beekman Place, hiver 1943*

Ces horribles *black-out*[1] sont de plus en plus longs, et on n'a pas beaucoup de lumière dans les caves, par prudence, disent les Américains. Je trouve que c'est une pure perte de temps, mais le pays s'habitue ainsi peu à peu à la guerre qui les avait épargnés jusqu'ici, et les Américaines finissent par se résigner à accepter la séparation de leurs êtres les plus chers.

Dans les abris, on fait tous très vite connaissance, les gens sont pleins d'humour, plaisantent, des flirts s'organisent. Moi je n'ai pas encore l'humeur de me faire un flirt de *black-out* !

Un jour on n'a pas entendu la sirène, je ne sais par quel miracle de porte fermée ou peut-être était-elle enrouée ou en grève... Imagine-toi qu'une autre fois on ne pouvait plus la faire cesser ! Elle a retenti longtemps, inquiétant tous les habitants de Manhattan. S'il y avait eu parmi nous un émule de Charlot, il aurait déjà trouvé un nouveau jeu pour distraire les longs quarts d'heure que nous passons enfermés dans le souterrain.

J'ai cherché dans toutes les malles le vieux bilboquet avec lequel nous jouions à Casablanca. J'ai fini par le trouver et à la dernière alerte je l'ai emporté avec moi, et l'ai précieusement gardé contre mon cœur en pensant à toi. Je devais avoir l'air si désem-

1. Il s'agit des alertes auxquelles sont désormais soumis les New-Yorkais.

paré, mon bilboquet à la main, que Mrs. Smith, une voisine d'étage, a lié conversation avec moi. Elle a deux fils et un mari soldats qui sont partis. Ses garçons sont dans l'aviation. Je lui ai bien sûr parlé de toi, du vide que creusait ton absence. Depuis je participe un peu à sa vie, et je me sens moins seule.

Je me suis inventé un jeu qui, je l'espère, t'amusera aussi. Veux-tu que je te le dise, mon grand mari ? Dès que j'entends la sirène, mon imagination commence à inventer un roman policier. Et ainsi, à chaque *black-out*, j'invente un chapitre. C'est assez amusant, mais ça le serait davantage si toi aussi tu participais au jeu, tu m'enverrais des chapitres, m'aiderais à camper mes personnages, j'aurais ainsi l'illusion d'être moins loin de toi. Je trouverais très drôle de réussir ce roman. Tu serais, toi, le grand écrivain classique, et moi, celle qui distrairait les lecteurs et les terrifierait aussi... Je sais les sortilèges que peuvent avoir les romans policiers, ils révèlent une foule de petits détails de la vie quotidienne, qui aiguillent les chapitres les uns après les autres, c'est une véritable évasion pour ceux que la vie réelle oppresse. Je me souviens, mon petit mari, que c'était ta seule détente quand nous attendions des nouvelles d'un camarade de la Ligne perdu dans le ciel pendant un vol de nuit. Je t'offrais alors un verre de whisky ou bien une tasse de thé, et je te tendais un piège comme un petit renard qu'on veut apprivoiser : je mettais sur la table avec quelques cigarettes pour que tu mordes bien au piège, *L'Aiguille creuse* de Maurice Leblanc ou les mille et une aventures de Rouletabille, le héros de Leroux. Tu soupirais et tu repoussais de ta main le livre et puis tu le reprenais, ne pouvant y résister, tandis qu'un sourire d'enfant se dessinait déjà sur ton visage de gosse curieux, heureux de recevoir la visite d'Arsène Lupin pendant un quart d'heure...

Ainsi pourrait-on être toujours ensemble, et puisque je suis loin de toi pour t'offrir des cigarettes, étendre une jolie nappe blanche et te verser le café que moi seule sais faire comme tu l'aimes, j'essaie de me consoler et je commence le premier chapitre de mon roman... On verra ce qui en adviendra.

Je n'ai pas fait de plan et si, après avoir lu des centaines de romans policiers, ma petite tête ne parvient pas à en écrire un, c'est que je serai bonne pour la méditation et alors je deviendrai yogi... Je ne méprise pas mon nirvana, mais je crois que le ciel prend soin de nous deux durant cette absence forcée, pendant que les hommes s'entretuent et que les êtres qui s'aiment sont séparés. Malgré les prières de Gandhi pour que les hommes ne se détruisent pas, le courant électrique destructeur qui les parcourt est le plus fort, et le monde se meurt... Tu ne peux rien inventer, mon grand savant, pour que ce courant s'apaise ? A propos j'allais oublier de te demander si tu continuais à travailler à ton dernier brevet ? Chéri, puisque tu es tellement triste, tellement seul parmi ces hommes qui prennent la guerre au sérieux, développe bien tes équations et mets au point des bateaux qui prendraient de la vitesse dans le mouvement perpétuel des eaux de la mer et nous emporteraient loin de tout ce malheur.

J'ai besoin de parler tout haut avec toi, je suis

aussi seule qu'Annibal qui te cherche partout, dans les placards et les commodes et qui est inquiet à chaque coup de sonnette. Il est devenu mon compagnon, tantôt mon petit frère, tantôt le fils que je n'aurai jamais eu. Il ne me quitte pas d'une semelle, même pendant mon sommeil, je dois subir son ronflement de dogue et ses grands soupirs... Au milieu de la nuit, quand je me réveille en sursaut te cherchant dans le lit, et que je me conseille le calme, l'ordre et tente de maîtriser mes larmes, je réveille Annibal pour qu'il me fasse oublier ce cauchemar. J'ai pris l'habitude de lui donner un morceau de sucre pendant que je bois ma tisane à la menthe dans ton grand verre de cristal que je caresse en pensant que tu rirais de me voir faire des grimaces à essayer de boire le litre entier qu'il contient ! Je ne sais pas comment tu faisais, toi, pour boire d'un seul coup, le verre rempli de lait, et cela plusieurs fois par jour !

Ce verre est tabou. Personne d'autre que moi ne peut le prendre. Denis, qui était en visite chez moi, l'a saisi pour se servir un peu d'eau. Je le lui ai aussitôt arraché des mains parce que Annibal l'avait vu et commençait déjà à grogner. Il a compris que c'est le verre du maître.

Je suis malade depuis quelques jours, et je commence à peine à m'asseoir toute seule dans le lit ; bien que la tête me tourne toujours, je mange un peu et sans me vanter, Papou, je te dis : « *Las penas con pan son buenas*[1] ! » Antoinette devient chaque jour plus mystérieuse (je te parle de l'infir-

1. « Les peines avec du pain sont bonnes ! »

mière parce que tu n'as jamais su faire la différence entre Marguerite la cuisinière et Antoinette). Chaque jour, elle arrive avec un nouveau chapeau, elle monte les trois étages, va directement à ma chambre, oubliant de dire bonjour à Mme Bouchu[1], qui meurt de jalousie de la voir habillée en grande dame.

Je me sens responsable de mes trois étages et très riche d'être l'âme de cette maison. Je l'embellirai encore pour ta permission. Dans le grand salon, je mettrai simplement des cactus, un petit palmier s'il ne coûte pas trop cher. J'aurais envie d'avoir quelques *peteneras* : ces colombes si douces, les seules qui caressent l'homme et lui demandent de l'aide pour faire leur nid. Je t'en avais montré au zoo de Central Park, tu t'en souviens ? Tu m'avais montré ce jour-là les grands tigres-lions, et tu m'avais remerciée de t'avoir forcé à quitter ton bureau du 48e étage. Je me rappelle cela avec angoisse car souvent à cette époque tu devenais étranger, absent à nous deux. Et à ces moments-là, je jouais le rôle d'une petite momie au service de son idole, attendant patiemment qu'elle veuille bien accomplir le miracle de la ressusciter. Merci, mon Dieu, merci pour ce sacrement du mariage qui nous unissait, parce que tu as bien voulu que mon grand mari me ressuscite. Je ne m'inquiète plus désormais. Tout cela est du passé, il n'y aura plus ces trois années de vacances que tu as prises[2]. Je ne me suis vraiment inquiétée que des moments où tu

1. La secrétaire de Saint-Exupéry à New York.
2. Allusion aux absences répétées de Saint-Exupéry avant guerre et à ses infidélités conjugales.

risquais ta vie, et j'avais toujours à cœur de te la simplifier en faisant en sorte que tu aies sous la main tous les objets dont tu avais besoin. Le fidèle Ahmed et moi savions t'apporter ce bien-être à tes escales, dans tes chambres. Et après ces trois années interminables, le jour où tu as voulu vraiment t'approcher de mon cœur, tu t'es installé simplement en moi, tu y as pris racine, mon grand arbre, et je n'ai plus vu passer les jours que dans une musique éternelle d'intelligence, de fraternité et d'amour. J'ai eu presque peur quand tu m'es revenu, piqué par les abeilles de tous les pays, encore tout griffé des ronces des chemins que tu as parcourus seul mais plein d'une sagesse que l'expérience avait plantée en toi à jamais. Ainsi, je n'ai plus peur. C'est à peine si je peux le croire. Je ne vis que dans l'attente de ta permission. Je n'ai envie de rien sinon que de rester immobile. Je ne me soucie point de l'heure, je garde seulement les yeux fermés. Il me semble alors que tu es encore dans la maison, que je n'ai qu'à parler dans la cheminée et que tu m'entends jusque dans ton bureau. Bien des gens sont venus se renseigner, par gentillesse ou par curiosité, pour savoir comment je vivais seule, dans cette immense maison[1] où je passe mes jours et mes nuits. Avoir une gouvernante est bien trop coûteux et mon dernier séjour à l'hôpital m'est revenu bien cher. La seule personne que j'ai reçue le fut par surprise, elle est venue juste quelques minutes après ton départ, c'est Thérèse Bonnet. J'ai eu à peine le temps de lui dire que tu étais parti, elle m'a quittée

1. Consuelo envisage à ce moment de quitter l'appartement somptueux de Greta Garbo et de louer un plus modeste appartement.

brusquement pour essayer de te voir sur le quai d'embarquement. Elle a eu la chance de te trouver. Elle est revenue avec un petit mot de toi, pour moi, si bon, si chaud, ça sentait le pain et le miel qu'on me donnait dans mon enfance... désormais je me sens liée d'amitié avec Mlle Bonnet grâce à cela.

Il se passe en moi quelque chose de comparable à un envoûtement. Après tout ce tapage que ma maladie a provoqué, ton départ, le silence de l'inaction dans lequel je suis tombée, je suis déchirée. Je sais qu'il faut que j'aille doucement, très doucement sur ce sentier de l'attente de ton retour. Je regrette de t'avoir promis de rester tout le temps à New York dans l'espérance de te voir revenir, j'aurais préféré que tu te décides à me faire revenir à Alger.

Je devrais aller m'asseoir derrière mon volcan à San Salvador[1], il me semble que mes prières auraient beaucoup plus de valeur auprès de Notre-Seigneur et j'aurais le secours de Raphaël le prophète qui traite d'égal à égal avec les astres. Je te demande de bien réfléchir et de m'autoriser à partir chez moi t'attendre. Te rends-tu compte combien d'années j'ai habité de pays, de villes qui m'étaient indifférents, simplement, simplement pour attendre ton passage, pour écouter ta voix au téléphone, pour recevoir une lettre ?

Pense qu'ici à New York je n'ai pas de famille. Si quelque chose m'arrivait de grave, en faisant l'inventaire des amis sur lesquels je peux vraiment

1. Originaire d'El Salvador, Consuelo garde une très grande nostalgie de son pays, « pays de volcans » auquel fait référence *Le Petit Prince.*

compter, je crois que je ne pourrais m'appuyer que sur notre cher Annibal, et un peu sur l'amitié de notre voisin. Quand il vient me voir, je n'ose même pas lui raconter mes désespoirs.

Ne t'inquiète pas trop de ma santé, je crois que cette angoisse est due à ton départ, à la menace des bombardements, à celle de ces *black-out* continuels, de ces sirènes qui hurlent sans cesse. Déjà je peux quitter mon lit pour m'agenouiller, prier et me concentrer sur ce que je dois faire car je me sens inutile aux hommes en ces temps de guerre.

Je vais vous annoncer une bonne nouvelle : notre ami Rouchaud est venu me voir. J'ai été très heureuse de parler de toi avec lui.

« J'ai été très ému de voir la confiance spontanée que votre mari m'a accordée depuis notre rencontre, m'a-t-il dit. Il voulait me confier la clé de son coffre-fort, il me demandait conseil sur son grand manuscrit, *Le Caïd*[1]. Il m'en a lu des passages entiers, il se sentait à l'abri près de mes cheveux blancs, il me traitait en grand frère aimé. Je ne l'oublierai jamais. Il désirait tant finir son livre à la campagne, près de vous, mais il m'a dit avec mélancolie : "Il faut faire son devoir coûte que coûte. Vous voyez, Rouchaud, je ne suis ni trop jeune, ni trop vieux. C'est peut-être pour cela que j'ai tant de mal à exister. Tout me blesse, les êtres que j'aime le plus en France m'attristent et me déçoivent. Mais je reviendrai de la guerre parce que ma femme m'attend." »

Je me souviens encore mot à mot de tout ce que

1. Ebauche de *Citadelle.*

tu me disais avant ton grand départ : « Ah ! que c'est doux d'avoir une maison, une fontaine et tu sais, Pimprenelle, que ma maison, je l'ai dans toi, et que ma fontaine est dans tes yeux. C'est mon eau pour mes déserts. Ferme les yeux, quand tu les ouvriras, je reviendrai avec une barbe blanche. Ne sois plus jalouse des étoiles qui m'attendent. Ma femme, il se fait tard, très tard. Oui, mais ne regarde pas la montre, je me prépare à te dire adieu... » Je lui ai dit : « Quand tu voudras quitter la chambre, tu viendras jusque dans mon lit, tu me serreras une minute immense dans tes bras et après je n'ouvrirai plus les yeux pendant des heures...

« Attends, c'est moi qui me prépare. Regarde-moi encore une fois... je viens vers toi... »

J'ai senti tes bras m'entourer et j'ai pu tenir ma parole, car même le lendemain, à mon réveil, je ne voyais plus rien...

C'était dans la grande chambre à coucher de Greta Garbo que tu as traîné une par une tes valises, d'une fenêtre à l'autre, sans te décider à les descendre jusqu'au grand salon. Là t'attendait la petite foule des nouveaux New-Yorkais qui étaient arrivés à obtenir leurs papiers de naturalisation. Tu n'as pas voulu que le domestique t'aide à descendre tes valises, j'entendais les hurlements des « amis » : « C'est l'heure, Saint-Ex, dépêchez-vous, vous allez rater votre bateau... »

Et à grands pas en faisant un bruit de cavalerie, ils parcouraient tous les étages, claquant les portes, les fenêtres, comme s'ils étaient chez eux... C'était ainsi notre existence, vous le savez... Après chaque visite de Français exilé qui venait nous demander de l'aide ou jouer aux amis, des objets disparaissaient et nous en étions responsables car nous étions en meublé et le mobilier de la maison était très précieux...

11 *35, Beekman Place, hiver 1943*

Ce matin, je vous écrirai une lettre à la main. Je vous l'enverrai par tous les moyens que les amis m'ont indiqués. Je suis un peu rassurée, plusieurs femmes amoureuses écrivent à leur mari à Alger et obtiennent de promptes réponses. J'espère que le petit signe que je vous adresse ne s'égarera pas. J'ai réuni tous les stylos de la maison et des porte-plume de toutes les couleurs pour réussir cette page qui vous est destinée. Je descendrai dans votre bureau, je mettrai un peu d'ordre dans le volcan de papiers qui est sur la table et sur tous les fauteuils. Je tiendrai mon cœur bien en laisse pour que mes soupirs ne se mêlent point à l'écriture.

C'est une longue lettre sans fin que j'écris tous les jours sur tout ce qui me passe par la tête pour que ce soit comme si vous aviez votre Pimprenelle, insupportable et docile, auprès de vous. C'est devenu une manie, presque un tic que de t'écrire. Je ne m'appartiens pas si je ne suis pas étroitement liée à ta pensée.

Le docteur dit que je vais très bien. Je mange de tout, on me donne beaucoup de vitamines, j'ai toujours des piqûres. Je fais suivre à Annibal le même régime. Il est un peu nerveux et je dois lui donner une souris en caoutchouc qui couaille plus fort que les jouets que je lui donnais auparavant, mais cela l'occupe toute la journée. Je voudrais être guérie pour l'emmener dans le parc. Il commence à grossir et il deviendra bientôt trop fort pour moi. Hier après-midi, il pleurait comme un enfant pour me demander de sortir dans la rue. Je l'ai fait mettre dans le jardin par Marguerite et il aboyait si fort que Max Ernst[1] m'a téléphoné pour me dire que le chien le dérangeait pour peindre ! Je l'ai fait rentrer et il a continué à pleurer à chaudes larmes, descendant et remontant à toute allure les trois étages de la maison. Il s'imagine qu'en sortant il te trouvera. Il n'est plus sociable du tout. Même aux amis avec lesquels il aimait jouer autrefois, il montre les dents. Vendredi, un électricien est venu arranger le téléphone, il a touché dans ton bureau un papier qui se trouvait par terre pour le mettre sur la table, Annibal lui a enfoncé ses crocs dans le bras, heureusement pas trop fort, il n'a que neuf mois, mais c'est inquiétant ! L'ouvrier a été très chic. Me voyant malade, il m'a dit qu'il ne me priverait pas de mon chien, parce que s'il montrait sa morsure à un médecin, mon chien serait tué immédiatement. Je ne savais pas quoi lui dire, comment le remercier, les Américains sont si orgueilleux, et ils détestent les pourboires, mais je t'avais commandé une serviette en peau de porc qui est arrivée après ton départ et je la lui ai mise simplement dans ses mains en écrivant son nom sur le

1. En exil aussi à New York. Il épousera la fille de Guggenheim.

cuir, près de tes initiales en ajoutant : « Pour sa gentillesse, à M. X... »

J'ai tiré très fort les oreilles à Annibal. Je l'ai même mordu, je l'ai fouetté avec une pantoufle, je lui ai mis mon bras dans la bouche mais il ne bougeait pas. Il se laissait calmement faire tandis qu'Antoinette, l'infirmière, me criait : « Il va vous arracher le bras, je vous aurai avertie, Madame, il n'est pas comme les autres animaux. » Je lui ai répondu : « Vous avez raison, Antoinette, Annibal a une âme. » « C'est que moi je ne pourrais pas vivre avec ce chien, il me regarde d'un drôle d'air, je ne peux pas faire un geste sans qu'il me suive du regard... Ça ne m'étonnerait pas de l'entendre parler. » Avec ses remarques, Antoinette voulait me dire poliment qu'elle ne resterait plus à mon service si Annibal ne partait pas à la campagne. Je connais bien ces manières de veuve portugaise... Déjà, elle m'a trouvé des fermes où l'on garde des chiens à un prix très raisonnable... Je t'en prie, n'aie pas une ombre d'inquiétude à ce sujet. Je suis déjà guérie et c'est Antoinette qui partira. Je trouverai une bonne nounou noire et Annibal recevra des raclées s'il tire ses jupes ! Les histoires avec Antoinette deviennent une comédie inouïe. Annibal a compris qu'Antoinette en blouse d'infirmière nous sert, nous donne à manger et à boire mais qu'une fois chapeautée, c'est la fin du repas et elle s'en va. Alors il lutte avec elle pour l'empêcher de s'habiller. La pauvre femme est terrorisée à l'idée de prendre son chapeau et hier Annibal a osé prendre son sac et me l'apporter en remuant allégrement ses quelques centimètres de queue. Comme Antoinette était déjà dignement habillée, elle est devenue pâle comme un linge et m'a demandé son sac. Son absence de reproches accusait Annibal... Après son départ, Annibal et moi sommes descendus au jardin. Il faisait presque noir et je me suis assise dans une chaise longue pour regarder les grands cuirassés qui partent faire la guerre. Ils se suivaient tous les quarts d'heure. Ils étaient tout éclairés et on voyait même les hommes heureux de pouvoir jouir des points éclairés. On entendait leurs voix, leurs dernières chansons avant d'entrer dans les eaux ennemies. Ils étaient encore chez eux, ces bons Américains, si jeunes, si naïfs, si loin de l'atrocité et de la cruauté d'une bataille...

C'est sur ces quais que tu es passé voilà des semaines. C'est pourquoi je suis contente de venir le soir dire au revoir ou adieu aux soldats qui s'en vont te rejoindre.

Je t'assure que je ne sais pas comment je ne deviens pas folle. Comment font les autres femmes ? On arrache de chez elles, sans demander leur avis, leur fils, leur père, leur mari et en on leur demande de remplir immédiatement tous les rôles des absents...

Je viens me plaindre auprès de toi. J'ai tant souffert dans mon lit depuis ton départ. Cela m'a fait découvrir l'immensité des maisons, le prix véritable d'un toit. Cette maison est devenue pour moi une amie tendre, caressante, compréhensive. Elle m'épaule comme ma mère quand elle me secourait, étant enfant, dans mes premiers pas tout maladroits. Ah ! chéri, la première chose que nous allons nous acheter quand tu reviendras, c'est une petite maison. N'importe où... Je la préférerais près de l'eau, parce que je suis née contre les volcans et que le feu me fait peur. L'eau m'apaise, surtout l'eau douce. J'aime tout, des petites rivières aux cascades. Peut-être davantage les cascades parce que, dans le silence de la nuit, elles me font penser au moteur de l'avion. Si tu préfères les lacs, je serai contente, une petite île sur un lac me réjouirait aussi, une île où il n'y aurait qu'une maison à cause d'Annibal qui a une terrible manie, celle de déraciner les arbres pendant que je dors et cela m'effraie.

C'est en ramenant Annibal du jardin que je commence à comprendre son petit jeu... Il me ramène au lit, me supplie, pleurniche, me tire pour que je me couche. Et là, bien entendu, il joue la comédie, feignant de ne pas savoir où lui-même va aller se coucher, bien qu'il sache qu'il a un lit à mes pieds... (J'ai dû échanger sa grande corbeille pour un sommier qui fait marchepied à notre grand lit florentin !)

Ah ! je me souviens comme si c'était hier de ta visite à Central Hospital, du jour où tu m'effrayas avec tes prologues mystérieux, tes gestes et ton visage qui me disaient : « J'ai quelque chose de terrible à t'avouer... Promets-moi de me pardonner d'avance, jure-moi que tu ne me gronderas pas... Je ne peux plus te cacher cela... Il faut que je te raconte... Depuis que tu es à l'hôpital, bientôt un mois... » Mon cœur se serrait à chaque parole davantage, et j'attendais, j'attendais la chose monstrueuse que tu avais faite... « Depuis que tu es absente, figure-toi qu'Annibal[1]... dort dans notre lit, à ta place. Et il a mangé le matelas, rogné le bout de nos oreillers, grignoté les draps. On me change la literie tous les jours... Pendant que je dors, il s'amuse à sortir les plumes du matelas, et ce n'est plus un lit à baldaquin du tout, c'est affreux. Pardonne-moi, mais tu nous manques tellement à la maison que nous nous consolons comme nous pouvons, et quand je me couche si fatigué, si éreinté de travail, car j'écris jusqu'à trois ou quatre heures du matin, je prends Annibal dans mes bras pour l'empêcher de manger les draps et les rideaux de notre lit ! »

Ah ! Tonio chéri, que ces détails me sont doux à présent ! Souvent dans mes insomnies, quand je pense aux tempêtes dans le ciel d'Europe, à ces pièges démoniaques de la guerre, je défais mon lit pour regarder le raccommodage de notre matelas. Et sais-tu ce que j'y vois ? Une des pièces a été remise avec du tissu imprimé de têtes d'anges avec des ailes !

Pardonne-moi à mon tour d'être si puérile dans les lettres. Probablement, c'est ma convalescence qui me rend si infantile. Je te promets que dès que je sortirai, je t'enverrai dans mes lettres le vrai parfum de la vie de cette grande capitale électrique qui lutte courageusement pour défendre le droit de vivre en liberté.

Je parcours en attendant la maison dans tous les sens... Je n'arrive pas à mettre de l'ordre. Le bureau

1. Cet épisode a peut-être inspiré Saint-Exupéry pour *Le Petit Prince* à propos du tigre (chapitre 8) : celui-ci ressemblerait plutôt à un bouledogue-mastiff.

de Mme Bouchu, ta secrétaire, est vide... Elle m'a procuré des moments d'hilarité et de joie incroyables... Ecoute plutôt : elle est venue me faire une visite. Et de la même manière qu'elle aime Annibal, lui la méprise. Elle dansait autour de lui, lui chantant un air de *Mignon*, me racontant qu'elle avait raté sa carrière et que le chant était sa vocation. Sans la scène, je ne peux pas exister, me disait-elle... Vous comprenez, Madame, que dorénavant je ne peux pas travailler chez n'importe qui. D'abord je suis la seule femme qui connaisse parfaitement le français. Je sais par cœur tout le *Larousse*, et après avoir travaillé avec mon « grand Monsieur », qui pourrait rivaliser avec moi ? « Le grand Monsieur », c'est le titre qu'elle te donne dans tout New York. Elle dit « le grand Monsieur » dans tous les bureaux de placement où elle montre les certificats que tu lui as faits, et quand elle s'en va, je reçois inévitablement un coup de téléphone du bureau de placement, toujours le même qui me dit : « Madame, il vient de sortir de notre bureau une grosse petite dame rousse qui montre un certificat extraordinaire, fait de la main de votre mari. Et quand nous avons pris connaissance de cette référence unique, nous lui avons demandé son nom et son adresse pour l'inscrire aussitôt, alors elle a répondu dédaigneusement : “Mais je ne cherche pas de travail dans les bureaux, moi ! Qu'est-ce que dirait mon grand Monsieur ?” »

A la fin de sa visite, elle m'a dit : « Si vous voulez, je vais sortir un peu Annibal au jardin. » Comme celui-ci ne l'a jamais écouté, elle lui apporte de petits jouets pareils à ceux que tu lui donnais à manger, mais elle pousse le raffinement à les acheter en caoutchouc de couleur et beaucoup plus grands. Autant de souris, de petits lapins, de balles qui crient, autant d'amour et de salamalecs qu'Annibal donne à Mme Bouchu. Après quoi il vient reprendre sa garde au pied de mon fauteuil.

Je l'ai invitée souvent pour qu'elle me parle de toi.

« Ah ! mes disputes avec mon grand Monsieur », me dit-elle... « Je m'en souviendrai toute ma vie... » Elle claque sa langue, lève les yeux au plafond et me raconte combien tu étais injuste avec elle.

« Je me rappelle avec amour de nos discussions », dit-elle, comme si elle parlait de deux amoureux évoquant la douceur de la réconciliation après la bataille ! « Qui d'autre que moi serait venu à trois heures du matin tous les jours, pour travailler à côté de sa chambre à coucher, sans faire de bruit ? J'apportais ma machine à écrire électrique et son sommeil faisait plus de bruit que mon travail... Dictaphone et machine compris... »

(Elle voulait en fait insinuer qu'elle avait eu le plaisir de t'entendre ronfler pendant ton sommeil !) Je lui mets du rhum dans son thé et elle continue à parler en soupirant, intarissable :

« Ah ! que mon grand Monsieur était gentil... Il me payait tout ce que je voulais. Il y avait des jours où j'étais triste, mal lunée et il venait près de moi en criant mon nom dans mes oreilles. Je sursautais et je faisais inévitablement une erreur. Je gâchais ma page et je le regardais sévèrement : Vous m'avez fait peur, vous êtes l'homme le plus grand que j'aie jamais vu et puis, hi, hi, hi, continue Madame

Bouchu, il me disait : “Pourquoi soupirez-vous, Madame Bouchu ?” Je lui répondais : “Il m’arrive à moi aussi d’être triste comme le Petit Prince”. “Eh bien, on vous paiera l’heure à double tarif, aujourd’hui, Madame Bouchu !” “Non, disais-je, je n’aime pas les numéros pairs.” “Alors trois fois plus.”

« Ah ! qu’il était bon, mon grand Monsieur. Je me faisais des mois en or.

« C’est grâce à lui que j’ai pu acheter un mari !

— Vous êtes mariée, Madame Bouchu ? »

Je me demandais qui aurait pu épouser cette grosse petite vieille dame un peu chauve et tellement folle, qui avait la manie d’acheter des appareils électriques et de taper toujours à la machine, la nuit...

« Racontez-moi, Madame Bouchu, comment vous avez acheté un mari.

— Oui, je vais tout vous raconter : quand j’ai été assez riche, je suis allée dans une agence matrimoniale. J’ai demandé un mari noble et anglais. Les employés m’ont regardée et ont appelé leur chef.

— Mais pourquoi spécialement un Anglais, madame ?

— Parce que la Royal Air Force est grandiose. J’aime tous les Anglais.

— Mais les aviateurs américains sont de très bons pilotes aussi.

— Certes, monsieur, mais mon pilote-rêve est étranger...

« Le chef m’a alors reçue dans son bureau et je lui ai dit :

— J’ai cinquante ans, monsieur. Depuis trente ans, je prépare mon trousseau, j’ai une petite maison de banlieue toute à moi. J'ai à la Banque centrale cinq mille dollars, je gagne cinq cents dollars par mois et *on se m'arrache*. Je refuse du travail. Aujourd'hui je peux me reposer et c'est pourquoi je pense qu'il est grand temps pour ma lune de miel...

« D'autant plus que mon grand Monsieur m'a dit avant de partir à la guerre, juste au moment de me dire au revoir : "Vous êtes bien riche, Madame Bouchu, vous pouvez même vous marier en robe de bal." Et il a encore glissé des dollars et des dollars dans ma serviette...

« Ah ! je pleurerai toute ma vie son départ. J'ai un mari, mais je me sens veuve de mon grand Monsieur. Où voulez-vous que j'aille à présent à trois heures du matin ? Le grand Monsieur me laissait apporter avec moi mes petites tortues qui allaient se fourrer dans ses souliers car c'étaient mes compagnes puisque je n'étais pas mariée, et mon grand Monsieur n'était jamais étonné de me voir à quatre pattes sous son lit pour leur donner à huit heures du matin de la laitue toute fraîche... Mais je perds le fil de la conversation. Je vous en demande pardon. Le chef de l'agence matrimoniale a donc pris note de mes désirs et un jour m'a téléphoné pour me présenter mon mari : un véritable Anglais et d'une magnifique famille. Il posait comme seule condition que je n'entre jamais en rapport avec sa famille qui lui avait coupé les vivres depuis bien longtemps. Il dormait tout le temps et était un peu sourd. Il désirait un absolu silence dans la maison sauf à l'heure du dîner, de sept à neuf heures, et le dimanche il s'absentait toute la journée pour prendre un peu d'exercice à la campagne... Nous

nous entendons très bien. Etant sourd, il ne répond jamais au téléphone. Il a besoin de beaucoup de sommeil, il est très propre et très bien élevé. Nous faisons chambre à part, bref c'est le mari idéal. Mais comme le grand Monsieur a fait le certificat au nom de Madame Bouchu, c'est lui qui sera Monsieur Bouchu jusqu'au retour du grand Monsieur... »

Elle t'aime, Tonio, cette petite dame dactylo. L'autre jour, elle est allée à l'hôpital Ritz Tower pour rendre visite à André Maurois [1] et parler de toi. Elle lui a montré aussi ton certificat et André Maurois lui a donné un petit travail à faire. Comme tu l'as tellement gâtée en la payant à des prix exorbitants et qu'André Maurois ne travaille pas au dictaphone, Mme Bouchu a décidé de chercher une autre place.

Quand tu liras cette lettre, ces détails de ma vie à New York te sembleront bien mièvres, déjà du passé à côté des missions de guerre que tu dois remplir. Mon chéri, seule dans ma maison, je ne vis que des heures lentes dans ton souvenir...

Fry est toujours mon voisin. Il a loué une chambre chez R. et son chien noir que tu connais, Clovis, vient faire ses visites à Annibal. On dirait un couple en les voyant jouer. Seulement, ils détruisent les plantes que j'essaie de faire pousser pour embellir le jardin qui t'attendra toujours.

Samedi, je suis descendue avec Fry dans la buanderie et il a baigné les deux chiens que j'ai ensuite

1. Une autre grande figure de l'immigration française à New York. André Maurois et Saint-Exupéry ne furent pas cités dans le fameux discours aux intellectuels prononcé par Charles de Gaulle, ce qui ulcéra Saint-Exupéry.

parfumés avec Vol de Nuit de Guerlain. Fry m'a tenu compagnie pour le dîner. Il était béat d'admiration devant cette merveilleuse demeure en plein New York. Je te remercie encore de me l'avoir donnée bien que la location en soit très onéreuse et que je doive subir des sous-entendus sur le gaspillage de notre argent ici. En vain j'explique à ces dames (car ce sont toujours des femmes qui nous critiquent) que tu as besoin d'espace pour travailler, que lorsqu'on vit à deux, dans une petite maison, c'est ton travail qui s'anémie...

Oui, mon chéri, tu as besoin d'espace, toute ta taille de grand arbre géant demande de vastes terres pour la récolte... Te souviens-tu de notre citronnier de Buenos Aires ? Il ne voulait donner aucun fruit mais notre ami, notre cher pianiste Ricardo Vines[1], a dit en souriant : « On va pousser le piano vers le jardin, je vais jouer et toi, Consuelo, vous allez chanter... C'est ainsi qu'on a supplié le citronnier de faire rien que pour nous deux ou trois citrons... Et acharnés, nous l'avons imploré, lui racontant dans toutes sortes de langages qu'il n'était pas un bâtard, qu'il était beau. Notre idée fut récompensée : comme par enchantement, trois petits citrons tout minuscules commencèrent à pousser... Les voisins de notre maison qui possédaient les mêmes espèces de citronniers que le nôtre ont été stupéfaits de voir des citrons sur notre arbre tandis que les leurs restaient paresseux pour la vie... D'un commun accord, nous avons tenu

1. Ricardo Vines, pianiste concertiste, que Consuelo connut lors de son fameux voyage à Buenos Aires. Il inaugure le premier chapitre des *Mémoires de la rose*.

secret notre envoûtement du citronnier-gentil-qui-nous-avait-écoutés. Ainsi, je crois que si je veille sur toi, si j'implore Dieu de mes prières et de mes chants, de l'aide te sera toujours donnée et l'arbre que tu es saura donner les plus beaux fruits.

12 *35, Beekman Place, hiver 1943*

Mon Tonio ! Mon fils, mon fils aimé !

New York est toujours dans la brume, cette ville est un désert pour moi puisque tu ne l'habites pas et je m'afflige quand je pense que la guerre est bien loin de finir.

Dans les bars, on voit des soldats toujours aussi inquiets de leur lendemain. Les femmes qui les accompagnent boivent et boivent encore. Ils sont déjà séparés et le doute atroce de leur retour leur donne un masque de clown qui ne sait pas s'il va obtenir les ovations de son public. Riront-ils, reviendront-ils ?

Et on entend des rires vulgaires, saccadés de la griserie d'un whisky de mauvaise qualité qu'on nous vend ici. Je suis contente que tu puisses en avoir du meilleur. Il paraît qu'on donne beaucoup d'alcool aux soldats pour les doper avant l'attaque.

Comme tu le vois, rien ne nous distrait ici de votre grave occupation de faire la guerre. Nous attendons les nouvelles, jour après jour, heure après heure et on n'ose plus se demander si l'armistice, le retour enfin à la paix va advenir.

Le rationnement est très sévère à New York mais, avec beaucoup d'argent, le marché noir nous approvisionne en café, en thé, en sucre, etc.

Pardon, chéri. Je ne voulais pas vous parler toujours de guerre et de guerre. J'aimerais tant vous distraire. Je me souviens que dans mon enfance, je croyais dur comme fer que le sorcier avec son pouvoir d'incantation pouvait se transformer en oiseau, en pierre, en arbre, en parfum. Pourquoi ne me transformerais-je pas en un petit morceau de papier qui toucherait vos mains ? Pourquoi ne serais-je pas cette lettre ? Papou, croyez-vous aussi aux fées ? Je crois que tu es un bon mage quelquefois. Perdue dans l'amertume de ton absence, je me sens cependant éclairée par ton sourire. Je te vois, je te sens dans la maison et j'ai alors envie de chanter. Je m'assois sur le canapé blanc, là où tu faisais des bulles de savon pour Annibal. Le pot où je mettais l'eau pour que tu en fasses est encore à la même place, à côté du cendrier où tu as jeté ta dernière Craven A. Et je fais toute seule des bulles de savon quand mon cœur chante et, chose curieuse, Annibal ne les pourchasse pas. Il est allongé à mes pieds, résigné, sans toi, sans son frère, sans son compagnon de jeu, seul le blanc de ses yeux sourit un peu à la lueur des énormes globes de savon que je fais gonfler comme les voiles d'un bateau pour t'envoyer notre amour.

Je me dis tout bas que l'amour doit avoir une couleur et que ça doit faire comme un long serpent irisé qui voyage de ma pensée vers la tienne, et j'imagine souvent que je t'envoie une petite lune bien découpée comme l'herbe fraîche. Je t'envoie des étoiles aussi brillantes que le feu des vers luisants pour que, dans la nuit, tu puisses retrouver ta base d'atterrissage. Je t'envoie de grandes colonnes de lumière, aussi grandes que mon espérance de te revoir, aussi touffues que des forêts vierges du Brésil pour t'envelopper, te rendre invisible aux Messerschmitt qui veulent te griller. Ah ! me voilà de nouveau à te parler de cette affreuse guerre. N'y a-t-il donc pas eu, Papou, au commencement de la création, une puissance qui aurait pu l'anéantir à jamais ? La vie seraitelle une lutte constante ? Je voudrais te faire entendre mon cœur battre depuis toujours et que tu me l'expliques car le Bon Dieu aurait pu nous expliquer un peu plus nos mystères... C'est défendu par notre religion d'aller trop loin, de nous poser tant de questions sur notre pauvre condition, notre pauvre chair périssable, pleine de trous qu'on doit combler jour et nuit pour que tout continue à bien fonctionner... Est-ce que je te fais rire quand je deviens philosophe ? Je me laisse aller à parler comme une petite rivière qui désormais, et sans cesse, doit se jeter dans la mer, et la mer, c'est Toi.

13 *2, Beekman Place, New York, 1943,*
remarque, chéri, que j'ai changé d'adresse

Mon Tonio, mon chéri, je suis dans ton petit salon de Bevin House[1], *Le Petit Prince* est là sur la

1. Il s'agit de la grande propriété blanche que Consuelo a louée à Bevin House à l'ouest de New York et où Saint-Exupéry a conçu auprès de sa femme *Le Petit Prince.* Il a toujours prétendu que Bevin

table où il est né. Je suis seule avec Annibal et ma vieille « nurse », Antoinette. Je la garde parce qu'elle a pleuré avec moi ton départ. Chaque mois, je songe à m'en séparer pour faire des économies mais elle est encore là. Je ne saurai jamais avoir de l'argent à la banque. Je ne suis pas fière de te le dire, mais je tiens si peu aux choses matérielles, à la terre même ! Si tu n'existais pas, je ne saurais plus faire le prochain pas. Mon aimé, quand reviens-tu ? Je sais mal t'écrire, j'enlève mes lunettes à chaque phrase à cause de mes larmes, mais ici, dans ton bureau de l'année dernière, je te sens plus près de moi. Tout est pareil dans la maison : le petit arbre à boules rouges sur la cheminée, la grande sphère dans le salon, et Annibal plus grand, plus fort que jamais, dort... Je me console comme je peux, je prie souvent pour nous deux. Toi, chéri, demande à tes étoiles amies de nous protéger, de nous réunir.

Tu m'as appris mille bonnes choses, entre autres qu'il faut être fort et dur envers soi-même. Je crois parfois perdre la raison et tu sais bien pourquoi, c'est de te savoir en constant danger. Dans le train qui me mène à Bevin House, je sanglote parfois comme une jeune fille qui vient de quitter son fiancé parti pour la guerre. Rougemont m'aide de son mieux, il vient comme d'habitude pendant son jour de repos, il m'a donné 100 dollars pour payer le loyer mais sans les frais de téléphone et puis les taxis sont très chers. Les invités trouvent la maison trop loin. Le premier mois j'étais heureuse de cet

House était le meilleur endroit pour écrire. Ne disait-il pas que « *Le Petit Prince* était né du grand feu de Consuelo à Bevin House » ? (Lettre inédite.)

éloignement, mais Rouchaud m'a conseillée de partir ailleurs et de m'entourer d'un peu de jeunesse. Par moments, j'inquiète tous mes amis avec mon silence mais c'est le seul fil qui me relie à toi. Je t'écris beaucoup mais une fois les lettres dans l'enveloppe, je les déchire car elles ne peuvent pas dire tout ce que je voudrais te donner. Tu le sais déjà, mon mari, et je t'ennuierais à te le raconter...

Mon Tonnio, je ne veux pas que vous soyez triste, je ne veux pas que vous soyez seul comme un papillon qui n'a pas de fleur où se poser, mon bien-aimé, puisque tu me donnes le pouvoir de régner dans ton cœur, dans ton corps, prends tout mon parfum, toute mon âme et fais une brise qui rafraîchit ton visage, qui caresse tes mains que j'aime tant !

Chéri, moi aussi dans l'éternité je t'attendrai sagement si je pars la première mais Dieu est bon et il veut nous voir ensemble car je lui ai tant demandé la paix et l'amour pour notre maison.

La maison de Tonnio et de Consuelo, notre maison aussi humble qu'elle puisse être devant un arbre avec mon mari et mon chien, et je chanterai grâce tous les soirs et tous les jours et je serai bonne pour les passants et tu arracheras aux étoiles des poèmes de justice et de lumière pour les peuples anxieux et inquiets. Et je sortirai des oiseaux et je te préparerai des fruits doux et je te donnerai mes mains pendant ton sommeil pour ne pas être séparée de toi, reviens, mon Amour !

Je ne sais pas si mes lettres t'arrivent. J'ai reçu seulement trois lettres de toi. Je t'avais demandé si tu envisageais mon arrivée en Afrique mais à la seule condition d'être avec toi. Si je devais rester seule... non !

Je suis très faible depuis mon accident à la tête, j'ai des vertiges dès que je me tourne. Je ne m'accommode pas facilement des nouveaux visages, je suis craintive sûrement à cause de ton absence.

J'aime tes lettres, elles me font entrer dans le meilleur de moi-même, dans le plus divin que le ciel m'ait permis de goûter. Je t'en suis reconnaissante. Tu reviendras, mon époux guerrier, tu reviendras à moi, tu reviendras à la vie, aux amis, pour faire un beau livre que tu m'offriras pour mon anniversaire, les anniversaires sans fin que nous aurons encore sur cette planète. J'ai trouvé dans ta lettre, le ton, la note, l'odeur de nos premières joies, de nos premières rencontres, de nos premières affections et surtout l'amour complet que tu as bien voulu me donner dans nos premières années de mariage. Merci, mon mari, reviens me les donner et si le ciel m'aide, je saurai les garder, reviens, chéri !

Je te quitte, je vais mal, les porteurs de lettres sont toujours pressés et je n'aime pas t'envoyer de vieilles lettres écrites pendant mes nuits veuves où je chante ma seule chanson, mon seul chant d'amour pour toi. Je t'embrasse d'un si long baiser, jusqu'à ton retour. Ta femme, Consuelo.

14 *2, Beekman Place, Noël 1943*

Mon tendre époux, mon bien-aimé, les lettres que je vous envoie restent sans réponse. Je finis par épuiser toutes les ruses les plus invraisemblables que me suggère le bureau de l'état-major pour qu'elles te parviennent. Mais t'arrivent-elles vraiment ?

Je ne peux me consoler de lire dans votre dernière lettre que vous n'avez pas reçu votre cadeau de Noël ni aucune autre lettre qui vous rassure, qui vous réchauffe le cœur, aucun mot de moi qui vous raconte comment était notre arbre de Noël à New York dans votre maison près de votre femme, ni à quelle heure je l'ai allumé, ni le morceau de gâteau que j'ai mangé pour vous et pour moi, ni la coupe de champagne que j'ai bue trinquant avec la vôtre, vide à votre place. Il n'y avait que trois amis près de moi, toujours les mêmes, Denis, Blaise et Donald[1].

Les deux derniers m'ont tenu compagnie une partie de la nuit. Denis avait une grande invitation dans le monde et l'amitié du cœur est passée au deuxième plan, cette fois-ci. Malgré tout, je lui fais confiance, un jour il se rendra compte que ce que *Le Petit Prince* nous raconte est plus vrai que la réalité, que les bracelets de diamants au poignet des belles dames n'éclairent pas pour autant leur cœur...

Mais vous voyez, mon chéri, c'est par vous que je suis devenue compréhensive et infiniment bonne et je l'excuse de se rendre à une messe d'apparat dans la cathédrale américaine au lieu de m'aider de sa présence dans cette veillée d'angoisse et d'attente, à prier le ciel de vous garder encore quelque temps parmi nous pour me tenir la main dans les sentiers où les femmes seules ne peuvent passer...

1. Denis de Rougemont, Blaise Allant, écrivain, et un ami new-yorkais.

Je n'ai point cessé d'aider Denis qui habite toujours cet appartement merveilleux que je lui ai trouvé par la grâce du ciel[1], mais cette terrasse qui donne sur la rivière et ce beau foyer qu'il a offert à sa compagne n'ont point recréé, comme je l'espérais, l'harmonie du cœur de son ménage. J'arrive à accepter que les êtres, ceux qui voient clair, doivent être responsables des aveugles. Vous-même ne savez pas, vous ne pouvez imaginer ce que j'étais pour vous, malgré tous mes défauts : la racine, le lien, ce qu'une plage est à la mer, une parole d'une prière qui fait le miracle, la récolte qu'on a obtenue par la seule constance d'un paysan fidèle. Enfin ce que tout homme est en droit de recevoir des mains de sa mère, de sa femme, de celle qu'il a choisie parmi toutes les femmes pour porter son nom à travers les âges.

Mon mari, merci de m'être revenu, de m'avoir dit tout simplement cette phrase que je n'oublierai jamais : « Merci d'avoir tenu à moi comme un petit crabe bien têtu. »

Vous perdre et j'en mourrai.

Mais voyez-vous nous n'avons pas même à nous remercier. Nous avons accompli simplement notre devoir. Vous avez ensemencé de la belle graine. En toute saison, comme aujourd'hui, vous savez bien que votre champ est à l'abri et qu'au retour vous pourrez vous reposer sur lui. J'ai oublié déjà la sécheresse de ces trois longues années de séparation, ces vacances de mon mari, et merci Pierre, Paul et tous les saints...

1. Les Saint-Exupéry ont en effet aidé Denis de Rougemont et sa famille à s'installer à New York.

A présent il ne me reste qu'à regretter mes propres erreurs. Denis est la plus grande et c'est pourquoi je vous en parle à cœur ouvert. Pardonnez-moi de fouiller ainsi dans mon cœur en ce lendemain de Noël : c'est que je me croyais alors complètement répudiée par vous. J'ai accepté sa proposition de mariage mais je savais bien que mes fiançailles avec lui ne servaient qu'à adoucir votre absence. Vous n'ignorez pas les efforts que j'ai faits pour consoler Denis des fautes de sa compagne qui désirait tellement le divorce. Et je me suis laissé prendre pour la seule raison qu'il fallait que j'accomplisse pour lui cette séparation, pour contenter sa femme, et il faut aussi l'avouer, pour ne pas rester seule, orpheline à en mourir sans un mot tendre jusqu'à ma dernière heure.

Et puis vous m'avez écrit, je dois dire que c'est au moment précis où Denis me choisissait que vous êtes venu près de mon cœur le supplier de continuer à être vôtre pour la vie.

Je pleure en vous écrivant cette lettre. Je me demande si cela vous sera désagréable que j'évoque ces pénibles moments bien effacés déjà dans notre vie. Vous savez que Denis est un « brave type » comme vous me le dites dans votre lettre et qu'il fait de son mieux pour rendre heureuse la vie de sa femme et de ses enfants à New York en attendant le retour tant souhaité de la paix dans le vieux monde.

Il se réfugie chez moi pour ses repas et les longues soirées d'hiver et nous tremblons pour les lendemains de l'humanité.

Je regrette la belle maison d'en face mais je crois que vous aimerez cet appartement où je vis, je l'ai fait peindre tout en bleu, le ciel et les murs, surtout votre pièce qui est très agréable. Peut-être ai-je fait le ciel un peu trop foncé, d'un bleu méditerranéen. Du lit on se croirait dans l'eau et j'ai mis aux murs les plus jolies toiles que j'ai peintes ces derniers mois.

J'ai offert un tableau au ménage K.W. qui continue à développer sa maison d'édition et à prospérer. Ils ont un enfant très beau, qu'ils ont appelé Christian, et parfois je me surprends à être jalouse de ne pas avoir un petit prince tout en chair tendre, qui m'appellerait moi aussi Maman...

15 *2, Beekman Place, hiver 1943*

Je n'oublie pas de répéter la prière que « doit dire Consuelo chaque soir » et que vous avez écrite spécialement pour moi [1] :

« Seigneur, ce n'est pas la peine de vous fatiguer beaucoup. Faites-moi simplement comme je suis. J'ai l'air vaniteuse [2] dans les petites choses mais dans les grandes choses je suis humble. J'ai l'air égoïste dans les petites choses mais dans les grandes choses je suis capable de tout donner, même ma vie. J'ai l'air impure, souvent dans les petites choses, mais je ne suis heureuse que dans la pureté.

1. Cette prière a été publiée dans la revue *Icare* et dans de nombreuses biographies, elle est accompagnée d'une longue et belle lettre d'amour.

2. Comme la rose du *Petit Prince*, donc.

« Seigneur, faites-moi semblable, toujours, à celle que mon mari sait lire en moi.

« Seigneur, Seigneur, sauvez mon mari parce qu'il m'aime véritablement et que, sans lui, je serais trop orpheline. Mais faites, Seigneur, qu'il meure le premier de nous deux parce qu'il a l'air comme ça, bien solide, mais qu'il s'angoisse trop quand il ne m'entend plus faire du bruit dans la maison. Seigneur, épargnez-lui d'abord l'angoisse. Faites que je fasse toujours du bruit dans sa maison, même si je dois, de temps en temps, casser quelque chose.

« Aidez-moi à être fidèle et à ne pas l'être à ceux qu'il méprise ou qui le détestent. Ça lui porte malheur parce qu'il a fait sa vie en moi.

« Protégez, Seigneur, notre maison.

« Votre Consuelo.

« Amen. »

16 *2, Beekman Place, 1944*

Tonio mon enfant, Tonio mon mari, Tonio ce qu'il y a de plus vaste dans la vie, Tonio mon chéri, Tonio ma raison de vivre, Tonio mon pays et la seule eau que je boirai pour arroser cette terre sacrée qui nous est promise par la foi et par l'Evangile.

Les tornades, les tremblements de terre, le passage des comètes, les épidémies de bonheur ou de malheur ne me bouleverseraient pas autant que de recevoir des lettres écrites avec ta chair, avec ta fraîcheur d'esprit et de cœur depuis ton champ de guerre.

Je reçois une lettre de toi pour moi, mon amour. Une lettre adressée à une bien-aimée et la femme, la bien-aimée, c'est moi. Quel beau cristal transparent comme l'eau ou comme la fin du monde annoncée, comme la récitation d'une prière quand on attend le miracle ou qu'on est déjà remis entre les mains de Dieu.

Ici en Amérique où il n'y a point de jardin où l'on peut cueillir son thym, son laurier, ramasser ses feuilles d'automne pour raviver sa cuisine et se faire une bonne soupe, ici en Amérique où tout est en marbre, en miroirs, en fer forgé, ici où j'habite seule pendant que tu fais la guerre, cette guerre injuste puisqu'elle tue des hommes qui n'ont rien fait de mal. Ici en Amérique où je ne peux pas aller voir mes vieux amis qui savent avec un seul mot d'esprit effacer les plis de mon front et consoler mon cœur, ici je ne sais rien faire sans toi.

O mon mari, je veux que toutes les cloches sonnent[1], que tous les bourgeons éclatent quand je reçois une lettre de vous, un message adressé à mon petit cœur d'épouse qui attend derrière la porte comme toutes les autres épouses le retour de son mari qui en a fini avec la guerre comme avec l'enfer, et vient consoler celle qui l'attend...

Vous voyez, je parlais aujourd'hui avec ma petite bonne noire. Je me sentais très bonne et j'ai eu pitié de sa condition, de sa couleur aussi sombre que la

1. Allusion à une lettre inédite de Saint-Exupéry où l'écrivain évoque son retour dans un concert de carillons.

nuit et dont elle se plaignait. Je voulais l'éclairer de l'intérieur, partager avec elle les mots d'amour que vous me donniez dans votre lettre et j'ai dit à Marie une phrase bien banale :

« Pourquoi toutes les jeunes femmes de Harlem s'appellent-elles Marie ?

— Parce que nous nous aimons comme des sœurs, m'a-t-elle répondu, et quand l'une de nous vient chez une maîtresse blanche, c'est comme si toutes les autres y étaient. Ce n'est pas facile, mam', de faire oublier aux femmes blanches que nous sommes noires malgré notre bonne volonté dans le travail. Nous restons noires, nous voudrions tellement qu'on ne le voie pas...

— Je ne vois pas, moi, Marie, que vous êtes noire quand vous souriez, vous n'êtes pas une Blanche non plus, vous êtes encore mieux. C'est comme si vous allumiez la lumière dans une pièce sombre. C'est comme lorsqu'on est perdu, et vos chants soudain éclairent la pièce. »

Je lui ai lu alors votre lettre et elle s'est mise à rire, à pleurer et à chanter jusque tard dans la nuit pour que tu puisses longtemps encore m'écrire de longues lettres qui me fassent bien dormir. C'est sa phrase que je te rapporte exactement.

Je m'arrête ce soir parce que je ne vois plus clair de ma fenêtre à la tienne, probablement celle de ton avion. Il y a ces draps de guerre qui nous menacent toujours. Je viens d'allumer une bougie pour continuer quelques phrases. Je suis en plein *black-out* et je dois descendre à mon refuge. A demain, à toujours.

17 *2, Beekman Place, hiver 1943-1944*

Aujourd'hui, c'est dimanche tout le long de la journée, et je ne suis même pas allée à la messe prier comme d'ordinaire pour notre avenir, pour tes pas d'absent, pour tes grands pas d'homme dans cette longue route d'absence qui s'installe dans ma vie[1]. Mais je prierai avec toi dans ces « lettres du dimanche » dont tu connais sûrement le contenu avant même que je ne finisse de les écrire. Tu les connais puisque je suis un petit morceau de toi, parce que je suis ta seule fleur.

Je suis inquiète et j'ai honte de tant m'affliger parce que je ne fais pas assez de place à l'espérance. Parfois aussi je ris en regardant ton dessin de la rose, dans *Le Petit Prince,* elle, au moins, est fière de ses quatre épines, elle sait bien que ses griffes pourraient toucher à mort le cœur d'un tigre mieux que l'épée d'un conquérant.

Moi, j'ai honte de m'être cassé un doigt de la main droite. Tu aurais bien fait de me mettre sous globe. L'hiver est froid sans nouvelles de toi.

J'ai lu et relu tes lettres. Et pour que le Petit Prince t'apporte un de ses messages (une de mes lettres du dimanche), je copie grâce à un appareil photographique une ligne de tes lettres où tu me parles de lui. J'espère qu'il ne la perdra pas en

1. Consuelo a toujours manifesté une piété de type plutôt populaire due en grande partie à ses origines centre-américaines.

route, qu'il la mettra dans tes mains, dans tes mains d'homme qui lutte pour me revenir, qui lutte contre les mers sauvages pour revenir embrasser amoureusement celle qui est restée abandonnée sur la plage.

Tout mon être est comme une de ces plages abandonnées depuis ton départ à la guerre. Ainsi, mon Tonio, mon cher époux de ma chair, de mes cheveux défaits, de mes épines, n'oublie pas ta femme-plage abandonnée, qui attend le retour de son mari-océan. Je suis exposée à toutes les tempêtes, à tous les malheurs. Ta pensée m'enveloppe et je danse dans mes rêves avec toi pour le retour de l'aube. Je tremble, mon mari, mon chéri, je suis peut-être fatiguée. C'est que je passe d'une saison à l'autre sans te serrer dans mes bras, mais je garde mon espérance pour toi, et pour toute la récolte d'amour que tu m'apporteras. Je suis jalouse de mon espoir, comme une jeune vierge serait jalouse d'un collier magique qui la protégerait nuit et jour. Mon espoir est celui que j'ai bien connu, que j'ai bien savouré, seule, comme une grande fille quand je t'attendais, pendant tes promenades dans le désert du Rio de Oro, de Lévi, et tes grands voyages que tu as faits quand tu es parti de la place Vauban [1]. Mais tu m'es revenu, et tu me reviendras toujours grâce à l'espérance, mon étoile de Dieu. Et tu me reviendras aussi grâce à ma foi, tu me reviendras encore mille fois comme les vagues de la mer reviennent revêtir les plages solitaires et vides qui attendent avec certitude leur bon océan.

1. Allusion à leur vie tumultueuse dans leur appartement situé 15, place Vauban, à Paris, où ils s'installent en hiver 1936.

Tu me reviendras aussi grâce à la force de ta pensée, de ton courage, de ton travail qui lentement commence à porter ses fruits chez les jeunes. Tout océan que tu es, mon grand homme de mari, aie pitié de moi, ta femme-rose, ta femme-oiseau-mouche, ta femme-ouistiti-de-la-forêt-vierge. Mon océan, reviens me baigner, reviens m'habiller, reviens me bénir, reviens me cacher.

J'ai changé de maison, nous n'avons plus de grands arbres, comme à Long Island. J'ai dû envoyer ton chien Annibal chez des amis à la campagne. Je lui ai expliqué que c'était nécessaire qu'il prenne des vacances pendant ton absence, lui non plus n'est pas heureux.

J'habite une seule chambre, une grande chambre verte et or. A ton retour j'allumerai des bougies pour nos repas du soir. J'ai fait de petites nattes que j'ai serrées très fort pour ne pas te piquer la nuit pendant ton sommeil quand tu reviendras.

J'ai ton grand vase de cristal tout près de mon chevet pour te faire boire ton café au lait fumant du matin.

J'ai aussi l'oiseau bleu empaillé sur ma table de nuit. Il a une aile cassée depuis le déménagement. Je ne l'ai pas bien soigné, excuse-moi. Mais ses yeux et son bec sont entiers. Il me regarde longuement, il me demande des comptes sur ton absence. J'ai écrit pendant la semaine pour nourrir mon espérance, pour remplir mon attente, j'ai écrit une petite histoire : « Le chevalier de la pierre ». Je te la ferai lire à ton retour. J'ai aussi fait de la peinture car j'attends toujours le bruit de tes pas qui se dirigent vers ma porte. Ne tarde pas, mon époux, je vais devenir une petite vieille.

L'autre jour, j'ai dit à notre ami A.R.[1] : « Tonio est rentré, Tonio est à la maison, venez le voir. » Il a tout quitté pour me suivre. Je lui ai alors montré une photographie que j'ai faite de toi d'après un portrait que j'ai peint. Je te l'envoie aussi dans cette lettre. Mon petit mari, ne te fais pas mal dans ton avion, ne prends pas froid, tu n'es pas malade au moins ? Est-ce que tu es prisonnier de guerre ? Reviens. Bientôt Noël, nous ferons un feu de bois. Si tu reviens à la maison, je te ferai un costume de pape de toutes les couleurs, comme celui du Petit Prince et à minuit tu le porteras pendant que tu décrocheras de l'arbre mes cadeaux car j'en veux beaucoup, j'ai les mains si vides.

Si tu ne viens pas, j'irai te chercher, peut-être as-tu déjà trouvé la maison du Petit Prince, peut-être t'es-tu déjà laissé charmer par d'autres roses ? Si je l'apprenais, je me mettrais à courir comme une folle, bien que tu m'aies dit un jour que si une rose voulait être vraiment belle, elle devrait être sage et bien gantée[2]. Mais pour te chercher, je ne serai pas sage, je serai une rose qui se mettrait à courir en perdant sa tête !

Ah ! mon Chevalier Blanc je t'attends, je t'attendrai toujours, je ne te céderai pour rien au monde, même pour une étoile. Je veux garder intacte l'espérance de m'endormir en paix sur ta poitrine d'homme encore une fois avant de mourir. Je voudrais me préparer près de toi, avec toi pour le grand

1. Vraisemblablement André Rouchaud, ami très fidèle du couple.
2. Référence à une lettre inédite de Saint-Exupéry dans laquelle il lui écrivait : « Une rose ne doit pas mourir, parce que si elle meurt, elle perd tous ses pétales. »

voyage. Je te serre bien fort dans mes bras, et je t'appelle de toutes mes forces. Vite, fais-moi un signe.

18 *2, Beekman Place, hiver 1944*

Mon mari, mon aigle qui volez dans le ciel pour l'amour des hommes, de ces hommes avec lesquels nous sommes liés éternellement par naissance et par création. Oui, mon mari, plus que jamais je vous approuve de vous être engagé avec tant de désintéressement pour secourir les faibles, les Juifs persécutés, pour le droit tout simple d'être homme. Pour les droits de l'homme. Je vous applaudis de mes mains, de mes battements de cils et de mes prières malgré mes larmes puisque votre guerre me rend veuve de vous. Ah ! j'ai employé un mot qui m'attriste. Le ciel m'épargnera. J'étais veuve autrefois mais c'était de courte durée. A vrai dire, la durée d'une nuit de tempête pendant votre vol de nuit, sachez cependant, mon bien-aimé, que les minutes étaient pour moi des siècles, surtout quand vous sautiez une escale, Cianeros ou Port-Etienne sur le Rio d'Oro ou Saint-Julien ou Rivadiava en Amérique du Sud, parce que le mauvais temps vous forçait à continuer.

Je regarde votre table de travail, il n'y a plus de compas, d'altimètre, de boussole, de cartes du ciel, alors je ne peux pas vous suivre dans ce nouveau vol de nuit que vous avez entrepris. Etes-vous à Terre-Neuve, en Russie ou bien dans le ciel aimé de notre chère Ile-de-France ? Ah ! je vous suis à petits pas, je subis mon calvaire, résignée et solitaire ! L'autre jour, la propriétaire d'un restaurant dans le Village [1] m'a dit : « Je vous ai vue de dos et j'ai cru que c'était une petite vieille qui passait. Vous aviez le dos courbé, et j'avais envie de vous secourir... Moi aussi, m'a-t-elle dit, j'ai mon mari prisonnier quelque part. » Et elle a mis un disque pour faire du bruit et cacher l'étranglement de sa voix qui devenait rauque à cause des sanglots. Des clients entraient et il fallut bien les accueillir, les nourrir et elle a fait comme moi son devoir de citoyenne, du rouge sur ses lèvres, un peu de poudre et elle a affecté un air tranquille.

Le disque qu'elle avait mis, c'était un air de Kurt Weil, de *L'Opéra de quat'sous*, tu le connais bien, le refrain, n'est-ce pas ? « Tu m'emporteras loin de la ville, tu m'emporteras dans la mer loin de la ville où tout sera mort. »

Reviens, mon chéri, je ne peux jouer la comédie plus longtemps. Et emporte-moi, toi aussi, loin de la ville, loin de ce monde où l'on souffre tant.

19 *2, Beekman Place, hiver 1944*

Mon petit Tonnio, mon prince à moi,

Je vous écris à la machine, avec cette petite machine que vous m'avez offerte si gentiment pour

1. Quartier de New York, Greenwich Village.

nos appartements de Columbus Circle[1]. C'est déjà très loin. Je recueille tous vos gestes gracieux de cette époque, et je me dis doucement : « Mon mari a été très bon pour moi. Pas toujours un vrai mari certes et j'ai eu souvent des cauchemars toute seule, dans des tas de lits du monde entier, j'en frémis encore à les compter ! Mais c'est bien fini ces cauchemars. Vous m'assurez pour le reste de mes jours de notre foyer plein de votre présence, de ton cœur et de ta joie qui nous aidera à vivre jusqu'au dernier moment. » C'est immense le rêve que j'ai de ce bonheur. Si Dieu me l'accorde, je le remercierai de tels cadeaux d'espérance qu'il en sera comblé de prières. Vous êtes ma grande horloge d'espérance, jamais je n'aurai peur des heures froides puisque j'aurai la chaleur de votre amour. Je voudrais tant être le parfait modèle de compagne, l'épouse de vos rêves étoilés. Papou, parmi mes immenses défauts, le plus grand, le seul incorrigible, le seul inguérissable, c'est de vous aimer. Vous êtes l'arbre qui m'avez arrêtée dans ma promenade sur la terre et depuis grâce à vous, j'ai commencé à réfléchir, à vous contempler, trop parfois, avec l'excès de mes pauvres gens des Volcans, ces volcans qui menacent si souvent, Dieu leur a donné la grâce de connaître leur miroir, leur étoile, leur avenir, leur amour. Quand tu m'as raconté en taxi, à Buenos Aires, la grande histoire des hommes, j'ai pensé tout le temps à tes yeux vers les miens, je me disais combien de choses étonnantes et insoupçonnées

1. Il s'agit des deux appartements loués par Saint-Exupéry à l'arrivée de Consuelo à New York, à Central Park, 240, près de la place Columbus Circle.

contenaient tes grands yeux, et je voulais en entendre davantage encore, tous les jours, parce que je me sentais intelligente de te comprendre et ainsi peu à peu j'ai grandi autant que tu as voulu, autant que tu as voulu me donner. Je me trouve très bête, un peu trop romantique, la machine est trop froide pour parler des choses du cœur...

Je t'envoie aujourd'hui deux lettres, si elles t'habillent en soie de couleur et que tu es beau à regarder comme un page, un prince, un chevalier d'autrefois, je t'enverrai des pluies de petites lettres semblables tapées à la machine. Elles finiront bien par t'arriver un jour. Je fais de grands rêves pour nos retrouvailles. Le ciel voudra bien te laisser un jour revenir à moi. Je t'attends, je t'attends, je t'attends. Mon oiseau à une seule plume, si c'était moi, ta plume d'or ? Alors celle-là ne tomberait jamais et tiendrait sur ton aile toute ta vie !

Je t'ai écrit pour Noël de longues lettres. Je t'ai écrit aussi pour le jour de l'an. Peut-être as-tu déjà reçu ces lettres ? J'étais bien malade le jour de Noël, et seule dans mon appartement, avec de la fièvre, une bronchite, de l'asthme et point de docteurs (car j'ai décidé de ne plus payer ces énormes sommes d'argent qu'ils réclament) ou d'amis pour me soigner. J'ai été poursuivie, figure-toi, par le docteur Gourvitch qui, en plus de ce que tu lui as donné, m'a poursuivie pour 475 dollars, le docteur Masson m'a poursuivie aussi pour 100 dollars et le docteur Zavritski pour cent autres... Je viens d'être débarrassée de ce souci grâce à ton éditeur Hitchcock qui, me sachant au lit depuis plusieurs semaines, a envoyé le docteur Becker pour me visiter. Ils sont assez gentils, tes éditeurs. Je crois dans l'amitié que Hitchcock a pour toi. De Reynolds[1] je ne sais rien. Je ne bouge pas du petit cercle d'amis que je connais.

Quand tu reviendras, l'on ira trouver des oiseaux amis des volcans et des chevaux et de braves petits campagnards qui nous donneront des fleurs comme on en donne aux jeunes amoureux.

Ma peinture progresse très lentement. J'ai eu une grande crise de désespoir avec la technique et le dessin. Dès que je serai un peu plus forte, car la grippe m'a laissée toute patraque, je retournerai à mon école et je ferai des dessins, et des dessins et des dessins pour ne pas faire des monstres sur mes tableaux. Je me garderai bien de l'influence de mes chers amis...

Rouchaud vient deux fois par semaine dîner à la maison. C'est le premier homme désintéressé que j'aie rencontré, il est très brave et très loyal. Il t'admire et a une confiance absolue en ton œuvre. Et cela me fait du bien d'entendre cela au milieu de la décomposition de l'humanité.

Dimanche, je suis allée au théâtre voir une pièce de Wilder qui s'appelle *Our Town*. Point de décor, une scène grise représentant un petit village et racontant la routine de la vie qui nous apprend tous à devenir de bons petits cadavres. Je regrette de te raconter cette histoire bien triste et bien grise. Cette mise en scène sans décor a impressionné le public américain et ce fut un très grand succès. Je me suis promis d'aller bientôt au cirque pour rire

1. Hitchcock et Reynolds sont les éditeurs new-yorkais de Saint-Exupéry.

un bon coup. J'irai avec Sonia et nous penserons à toi. Depuis que nous y avons été tous les trois ensemble, je n'y suis plus retournée. Mon petit mari, je tourne en rond autour de toi comme un petit cheval de bois autour de son pivot. Pense bien à moi, aime-moi, sois mon pivot solide pour que, lorsque je tourne, cela fasse de la musique, celle qui vous plaira, celle qui chante dans les feux de bois, quand les canards croustillent sur les braises, celle que fait Annibal quand il ronfle, la musique plaintive de Consuelo quand elle râle contre le temps et contre les fleurs qui lui donnent le mal du *last home* !

Je vous quitte, mon chéri, à bientôt mon amour. J'espère que cette guerre finira bien un jour et que tu me joueras du piano. J'envoie des oranges par la poste ordinaire : on m'a assuré qu'on peut envoyer des lettres et des colis par bateau, j'essaierai cette fois, je vous ai aussi envoyé par un camarade deux Thermos très bien pour le café. Peut-être vous parviendront-elles...

Une grande consolation dans ma solitude toutefois, c'est votre première grande lettre dans laquelle vous me disiez si tendrement combien vos regrets de ne pas m'avoir dédié ton petit Prince. Je pleure d'émotion, j'ai si peur d'être exilée de ton cœur... Je vous serre très fortement dans mes bras. Chéri, ne me laissez pas plus longtemps loin de vous.

20 *2, Beekman Place, hiver 1944*

Mon beau Capitaine, je reviens de Richfield[1]. Roberto[2], le mari de Victoria, nous y a conduits dans une Ford qu'il vient d'acheter très bon marché et qui marche divinement bien. Victoria depuis la naissance de Lorette est plus jolie que jamais, et nous avons passé un week-end très confortable dans la maison. La bibliothèque est complètement installée. Te souviens-tu de la petite maison de pierre couverte de vigne vierge, scintillante comme un géranium pourpre, comme la robe d'un cardinal majestueux, offrant au ciel ses couleurs ?

Dans ce lieu, on peut enfin respirer. Il y a quelque chose de très *british*, d'imposant, qui n'est pas lugubre avec cette grande entrée bordée de sapins centenaires. Le hall est orné d'un portrait de Victoria, un portrait fait par une femme peintre très célèbre ici. De la grande salle on aperçoit le lac. Tu n'as pas pu autrefois apprécier le charme de la demeure parce que tu y es venu le soir. Bien entendu, on a parlé abondamment de toi, de tes tours de cartes, de ta finesse de prestidigitateur, de ton adresse à jouer avec les dés. Victoria m'a demandé si moi aussi je savais en faire autant. Et voilà un miracle, mon chéri ! J'ai répondu « Oui » avec aplomb après avoir bu du champagne rosé qui me rend si gaie.

« Voilà un jeu de cartes », a dit Roberto toujours aussi précis dans les moindres détails.

1. Lieu de résidence d'amis de Consuelo, où elle se réfugie souvent.

2. Roberto, ami des Saint-Exupéry, était agent immobilier dans la ville de Cohoes.

Je me suis levée solennellement en prononçant les mots que tu disais quand tu voulais éblouir la compagnie.

« Regardez bien ce jeu de cartes, ai-je dit. Je le mêle bien. Victoria, vous allez choisir une carte et la mêler dans le jeu. Je reprends le jeu, je le jette par terre. » Et disant cela, je parsème les cartes sur le tapis. « Victoria, vous allez prendre votre carte, ce sera celle que vous toucherez, mais pour qu'on ne croie pas que vous trichiez avec moi, allez dans l'autre pièce inscrire sur un bout de papier le nom de cette carte. Je peux déjà vous dire qu'elle est rouge et majeure. »

Roberto s'écria : « C'est vrai, Victoria, c'est vrai ? »

— Voilà le papier, lui dit-elle.

— Ne parlez plus, levez-vous, 1, 2, 3, vous allez ramasser à présent votre carte », et Victoria prit exactement celle que j'avais annoncée !

Je me suis arrêtée là, toute baignée de bonheur et de larmes me demandant où tu étais à cette heure précise, sachant que tu m'avais guidée.

Je n'ai jamais recommencé ce tour, puisque tu sais bien que je ne le connaissais pas et que je n'ai même pas essayé de le réussir. Si je l'ai réussi, c'est parce que tu étais derrière moi et que tu me veillais.

La nuit a été pleine d'angoisse. Comme je ne voulais déranger personne, je suis allée à la cuisine. Nos amis m'ont entendue marcher et, depuis, Victoria raconte qu'il y a un fantôme et qu'on l'entend même soupirer... Ça va très bien à cette maison d'avoir un fantôme !

Le lendemain, il a fait un soleil radieux, nous

nous sommes déshabillés dans la petite maison de gardien de la forêt au bord du lac pour nous baigner. Bientôt la maison sera ouverte à tous les amis, Victoria va quitter son appartement de New York. Roberto ira à ses cours de droit depuis Richfield. Il est vraiment courageux de repasser des examens pour devenir avocat américain. Sa femme l'admire et l'aime comme au premier jour. Ils sont heureux parce qu'ils ont bâti aussi de l'intérieur, par le cœur, un lien d'amour indéfectible, un lien rayonnant qui les irradie non seulement eux mais aussi tous leurs amis.

Victoria m'a répété que Roberto viendra me chercher en voiture tous les week-ends pour venir ici. Cette campagne est tellement différente de celle qui entourait notre maison de Northport, la qualité de la lumière, l'odeur de la terre, les sentiers, tout est différent.

A New York, ce n'est qu'attente. De vous, de mon amour si loin de moi, de la fin de la guerre. Une petite rose sur ma table de nuit se fane. Je vous attends toujours.

L'Os à Moelle est devenu ma petite cantine en attendant votre retour. J'y mange souvent seule ou avec Rouchaud. On espère un jour y célébrer la fin de cette guerre tous ensemble, tous réunis. On n'ose point commencer l'inventaire de nos pertes, de nos drames intimes. Quel désastre et quel malheur de voir s'éteindre ces forces, ces manières d'être qui ont fait notre civilisation ! Serait-ce la grande destruction que certains prédisent, nécessaire à une sélection naturelle des peuples ?

A vrai dire, on n'a plus le droit de pleurer et de

se décourager, mais il faut refaire surface, résister. Le travail nous prend à la gorge, nous devons retrouver un moral d'acier.

La grande Paule est partie pour Londres parce que son mari ne l'aime plus. Pour ses adieux, j'ai donné une cocktail-partie. Elle était belle et fière. Je ne comprends pas pourquoi tu ne l'as jamais trouvée jolie. Ses cheveux, sa peau, sa taille, ses jambes de jeune Américaine, son teint me plaisent à moi qui suis femme. Mais c'est vrai que les femmes qui sont belles aux yeux des autres femmes ne plaisent jamais aux hommes... Mon grand Matou, je ne tiens pas cependant à ce que tu la trouves forcément plus ravissante que ta Pimprenelle. Mais je n'ai aucune crainte parce que tu sais que je suis de la même pâte que toi, que je suis totalement tienne et que nous ne pouvons être séparés. Je te remercie de m'avoir rassurée là-dessus. Je peux ainsi sans crainte contempler dans le miroir l'usure de ma chair, sans imaginer désormais que tu me renieras une seule seconde.

Je te crois comme je crois en Dieu. Seigneur, Papou tant aimé, faites que ma tombe soit le commencement d'une autre lune de bonheur dans votre éternité. Oui, c'est vous qui devez me fermer les yeux dans mon cercueil, dans ma dernière boîte de nuit, comme disait notre ami Léon-Paul Fargue, pour rejoindre notre éternité.

Ah ! je t'en supplie, Papou, prends garde quand même aux méchantes balles comme aux femmes méchantes aussi, pas par crainte qu'elles ne t'enlèvent à nous, puisque cela est impossible, mais parce que certaines femelles revenant d'Alger, en quête de gloriole, sont des virus de l'esprit. Elles mangent le temps, elles répètent mal tes conversations, elles racontent mille et une fois leur intimité avec toi, avec ta pensée. Et jusqu'à New York, elles font parvenir des récits sur ton état d'esprit, sur ta santé, sur les lectures des dernières pages que tu as bien voulu leur faire. Bien entendu, mon grand garçon, elles ne parlent pas de ton livre aussi bien qu'elles savent parler de leur maquillage ou de leur toilette. Et j'en souffre !

21 *2, Beekman Place, hiver 1944*

Je reviens toujours à ce bateau qui t'a emmené loin de moi. Je ferme les yeux pour tâcher de le voir plus clairement. Mais je ne le vois pas, tout se brouille. Thérèse Bonnet me raconte invariablement la même chose quand je lui demande des détails puisque c'est elle qui vous a vu la dernière : « Je ne sais pas comment est son bateau, on ne m'a pas permis de le voir. Ne pleurez pas... Votre mari avait l'air décidé. Il se tenait tout droit devant moi, je dois même dire que c'est la première fois que je l'ai vu tenir la tête si droite. Vous savez bien qu'il marche les épaules repliées, comme s'il voulait arracher quelque chose au fond de la terre. Ne pleurez pas, je vais vous faire rire au contraire : en lui disant adieu, il me tenait dans ses bras près de son cœur, me suppliant de revenir aussitôt vers vous pour vous embrasser. J'étais si émue que j'ai voulu l'embrasser sur la bouche. Il s'est dérobé et m'a dit : "Pardon, Thérèse, je garde sur mes lèvres le baiser de ma femme." »

Je me répète tes paroles avant ton départ : « Je suis sûre que pendant mon absence, nos amis seront très gentils pour toi. Quand je suis là, ils me préfèrent et cela ne me flatte pas. Ceux qui aiment en moi la vedette m'attristent. Ceux qui ne t'offrent pas toutes leurs grâces, je les oublierai. Ma femme, à mon retour, nous serons tous les deux avec nos amis de cœur. Seulement avec nos amis de cœur. Ah ! je voudrais m'allonger près de toi sans rien dire, il me vient à l'esprit une multitude d'images depuis mon enfance jusqu'à cette heure et il faut partir... Quelle heure est-il, poussin ? Sois gentille avec cette bande de copains qui m'accompagnaient toujours. » Non, non, Tonio, vous m'en demandiez trop. Je ne suis pas une sainte. Je commence à peine à savoir que dans le pays de la douleur, on est seul, comme un petit enfant abandonné qui appelle sa mère au secours, sans qu'il n'ait jamais de réponse. Parmi cette bande d'exilés, il y a des familles entières qui ont les pieds bien sur terre, qui mènent leurs petites affaires rondement, ils ont transféré leur fortune en Amérique quand la France a commencé à être menacée. Ce monde élégant, snob, hurle de joie en ce moment parce que tu es parti faire la guerre, et il dit : « Quelle victoire, quelle joie, n'est-ce pas, pour Saint-Ex d'aller se battre pour notre pays ! Il ne peut pas faire autrement. C'est impossible. Il doit mourir comme un héros. »

Leurs surprises-parties, leurs soirées au champagne et les longs dîners qu'ils s'offrent pour fêter ta guerre me font horreur d'autant plus que par leurs bouches grossières sort la vérité. Tu n'es pas comme eux, toi, tu dois souffrir avec ceux qui sont martyrisés dans ton pays, tu dois faire ton métier de pilote, c'est exact, mais se rendent-ils compte, ces richards, ces femelles endiamantées, que cela nous coûte notre vie, notre sang ? Et tu me demandes que je rie avec eux, que j'applaudisse en même temps qu'eux ? Ils sont ravis de t'avoir vu partir, ça les excite de consommer champagne et caviar qu'ils ont mis de côté à New York, en lieu sûr. Même les vieilles dames aux cheveux blancs qui dansent en sautillant autour de mon lit : « Ah ! Madame, quelle joie d'être la femme de Saint-Ex, vous avez une vie unique. Je vous envie vraiment, Saint-Ex va descendre beaucoup de Messerschmitt, vous verrez, ce sera comme au cinéma, vous serez fière de la gloire que vous apportera votre mari et qui rejaillira sur vous... » J'ai envie de leur dire à celles-là : « Oui, au bal des pompiers, c'est toujours les mêmes qui dansent. Pourquoi vos maris et vos fils ne l'imitent-ils point ? » Ces fuyards qui ont reçu les premiers leurs papiers pour se faire naturaliser américains exigent de moi de me montrer fière du sacrifice que tu fais en quittant New York, toi criblé de rhumatismes, malheureux de n'avoir pu participer à la guerre pendant trois années. Toi qui souffrais encore des dernières blessures de ton accident au Guatemala[1], et n'ayant pas même pu te jeter en parachute à cause de la faiblesse de ton bras gau-

1. 16 février 1938.

che ! Toi qui n'as voulu aucun poste de responsabilité à Washington ou à New York, et qui méritais tant cependant que tu sois reconnu et honoré [1], tu as voulu être comme les vrais héros : volontaire pour servir ton pays... Depuis le jour où tu as reçu l'autorisation de combattre, il ne s'est trouvé aucun de tes amis pour te retenir, t'expliquer que pour des avions rapides, il faut de très jeunes pilotes. Mais en réfléchissant, je leur pardonne leur lâcheté, puisque t'aimant sincèrement, ils étaient heureux, ils te considéraient comme un héros... C'était nécessaire pour apaiser leur culpabilité de ne pas en faire autant, c'était nécessaire pour leur propre paix, et la paix surtout de leurs millions thésaurisés ! C'était nécessaire pour boire leur champagne à flots, se réunir autour de quelque chose qui donnait un sens à leur vie, aux heures vides de leur vie creuse...

Tu sais toi, mon Tonio, mon mari chéri, que j'ai raison, je t'entends me dire : « Pimprenelle, ne fais pas la guerre contre tout le monde. » Ah ! mon mari, donne-moi la paix de l'esprit !

Mais aujourd'hui, je suis encore dans une nuit sans fin. Pareille à celle que je vivais autrefois quand tu partais pour tes vols de nuit. Te souviens-tu du temps où nous habitions le palais du Glaoui à Marrakech ? Comme maintenant, j'ai dû t'abandonner à toi-même et à tous les vents de la Terre et de la méchante mer qui pouvaient troubler ton passage sur le Rio.

J'implorais tous les bons esprits de la mer et du

1. Allusion aux nombreuses critiques, tracasseries et cabales dont fut victime Saint-Exupéry à New York de la part des exilés eux-mêmes et des gaullistes.

vent, ceux qui apaisent et réconfortent, pour qu'ils viennent à ton secours. Je les implore aujourd'hui, qu'ils viennent vers toi dans tes missions de guerre et qu'ils t'indiquent la porte qui te mènera au retour parmi ceux qui t'attendent : ta femme, ton chien et cette terre des hommes. Je me suis réveillée cette nuit en sursaut, et mes yeux sont tombés sur la grande affiche qu'avaient faite les éditions Gallimard pour *Vol de nuit*... C'était un avion qui piquait du nez. J'ai été prise de colère pour l'idiotie d'avoir choisi un avion qui s'écrase au sol, je me suis arrachée à la tiédeur de mes draps pour enlever l'affiche et la mettre à l'envers. Ton avion, Tonio, je ne le vois que montant dans le ciel, évitant les balles et les dragons qui veulent te harponner sur leur passage. Mon chéri, mon plumage des beaux jours, ma prière d'amour qui m'enveloppe de la tête aux pieds quand les portes de la raison et les cœurs se ferment devant moi... Mon amour, mon mari, si je devais m'endormir pour toujours, je vous emporterais dans mon dernier souffle, mes dernières pensées seraient pour vous. Drôle de chose, la vie : apprendre à être de bons petits cadavres. J'aimerais tant que tu empailles ta petite momie Consuelo, et qu'on l'enterre avec toi quand tu seras parti pour le grand voyage.

Je suis malade, une longue grippe avec complications d'angine, trachéite, bronchite, asthme, etc. Et l'hiver est sévère, et on ne chauffe plus à partir de minuit ! La guerre se sent déjà ici, peu de viande, peu de beurre, presque plus de taxis, tout le matériel est pour la guerre. Je ne sors pas beaucoup. J'ai décidé de peindre en t'attendant. Et ça commence plutôt bien. Mais les toiles sont chères et l'huile aussi. Un de mes tableaux a beaucoup plu, alors si je le vends, je pourrai acheter d'autres toiles et des couleurs. J'espère que je guérirai de cette grippe. Tonio, j'ai mal de ton absence, je pousse comme un vieil arbre auquel on a arraché beaucoup trop de ses branches...

22 *2, Beekman Place, février 1944*

Tonnio,

Votre dernière lettre, je l'ai déjà apprise par cœur. Il m'en faudrait bien une autre, pour adoucir mes longues journées d'attente et d'inquiétude. Malgré mes efforts de travail, je me demande en plein milieu du tableau que je suis en train de faire quel est le sens de tout cela. A quoi bon et pour qui cette peinture, peut-être même n'a-t-elle aucune beauté. J'ai trouvé un moyen pour tricher avec mes angoisses : je parle avec votre portrait qui est en face de moi. Il a un mètre carré. Vos yeux sont des lacs profonds, je peux mettre ma main sur votre bouche. Je me rappelle ton sourire et je crois bien que c'est l'enchantement de ton rire qui m'a fait devenir ton épouse pour la vie. Personne ne sait rire comme toi. Je sais que ce n'est pas un rire comme celui des autres, toi, tu sais ce que je veux dire. Pour moi, c'est une grâce, une façon de dire merci aux jolies choses de cette Terre. Ton rire, c'est comme le fruit mûr de l'arbre. Ton sourire embrasse mon cœur, et si j'étais une magicienne, je ferais que tu sois toujours en état de grâce pour que ta petite bouche sourie toujours.

Depuis un mois, je n'ai pas reçu de tes nouvelles. Et même davantage. Je me souviens que c'était la première semaine de janvier que j'ai reçu le grand cadeau de ta longue lettre où tu consignais les pensées pour Consuelo, les portraits de Consuelo, la prière de Consuelo, l'amour pour Consuelo... Mais je dois prendre ma tête à deux mains, les nuits, les jours, les heures vides, les heures tumultueuses pour me convaincre que tu existes quelque part réellement et qu'un jour tu viendras près de moi me toucher de tes mains, pour effacer mes rides, mes craintes, peut-être guérir ma folie. Sache bien que je passerai ma vie à t'attendre, même quand je serai vieille et que je n'aurai plus de mémoire.

Je veux croire que mon cœur sonne et sonne encore jusque dans tes oreilles tout mon amour pour toi. Bientôt avril, une année entière que j'implore la Vierge Marie pour t'avoir cinq minutes près de moi, pour avoir cinq minutes mon mari, tout à moi, avant qu'il ne parte de nouveau pour l'Afrique ! Et dire que j'étais malade, je pouvais à peine marcher et que je ne pouvais te suivre chez des amis où tu te plaisais à passer le dernier quart d'heure avant de partir ! J'aurais dû te suivre jusqu'en Afrique. Mais j'ai espoir que mon bruit, mon odeur, mon goût te suivent partout. Seigneur, j'ai peu de choses à t'offrir, je suis pauvre, je voudrais même, cela ne devait durer que le temps d'un feu d'artifice, faire des dessins, inventer de nouveaux mondes, des opérations magiques, des couleurs nouvelles, des musiques uniques pour t'en faire cadeau, quitte à en mourir après !

J'ai passé des mois à me guérir, à remettre ma tête en place après cet accident, à effacer la peur d'une nuit de voleurs. Bientôt une autre année et juste ma force pour écrire des lettres d'amour pour toi, qui ne t'arrivent point. J'ai peur de me perdre au vent, de m'en aller comme de la fumée dans l'espace. Où irais-je en te cherchant dans le vide ? Tonio, Tonio, je n'en peux plus, et pourtant je voudrais tellement te voir !

Je suis bien tes conseils, mon mari. Je me soigne, je me donne des conseils, je veux croire à notre paix, à notre bonheur mais quand je suis sans nouvelles de toi, toute ma carcasse tremble de doute et je deviens pâle, fébrile, je ne peux plus peindre, rien ne m'intéresse sur la Terre. Je suis distraite de moi-même, et j'attrape froid. Ainsi, en ce moment, à cause du désespoir que chaque matin le courrier fait redoubler en moi, je ne trouve point de secours, point de refuge jusqu'au lendemain où j'ouvre à nouveau la porte pour ramasser mon courrier et n'y trouver que mon journal... Toute seule, je reste au lit, grippée, on me donne des sulfates, ce qui est, dit-on, très dangereux, je les prends même sans faire de prise de sang et sans prescription médicale... Elisabeth Delanux me les administre avec son enthousiasme coutumier. Pierre m'a fait quelques photographies très jolies, pour me distraire de ma maladie, comme tu peux le voir, par ces deux petits clichés que je joins à cette lettre.

Tu imagines la peine que cela me ferait que ces photos de ta petite Consuelo ne t'arrivent pas. Ne t'inquiète pas, je t'en prie, de celle où j'ai l'air très endormie...

Les aimes-tu ? Pourquoi ne m'envoies-tu pas à ton tour des photographies de toi ? Je sais que tes amis t'en ont fait. Cela me consolerait tellement. Pense que des petites choses de cet ordre m'aident à vivre. Où es-tu en ce moment ? Pourquoi toujours ce silence ? Je me demande parfois si tu sais bien que je suis de chair et d'os, que j'habite New York, et que j'ai la possibilité d'aller au Guatemala pour voir les miens, et que je reste ici à New York pour attendre, toi, tes lettres.

Je te demande de m'excuser de cette angoisse qui augmente tous les jours davantage, c'est dur de vivre pour soi-même. Quand j'ai le moindre doute, que je crois ne servir à rien, je voudrais disparaître et m'évanouir en fumée, sans même faire une petite flamme qui attirerait les regards des autres. Depuis quelques jours je dicte mes lettres sur mon dictaphone, et tu vois, ce n'est pas si mal que cela. Bientôt, je dicterai une jolie histoire pour t'amuser, toi seul, pour te rappeler que quelquefois j'invente de jolies choses... Quand reviendras-tu, mon petit mari ? Quand écriras-tu un conte pour ta petite princesse et à qui le dédieras-tu ?

Je t'embrasse tous les matins, tous les soirs et j'attends tes lettres même dans mon sommeil. Chéri, je t'aime, je t'aime, mais je meurs de peur pour toi. La guerre continue et je n'ai que toi au monde. Et le monde est si laid. Hier, j'ai invité à déjeuner Pita Benèche[1] pour lui montrer mes tableaux. Je ne sais

1. Collectionneuse de tableaux et propriétaire d'une élégante galerie à New York.

pas si elle les aime. Elle avait l'air de quelqu'un qui faisait une descente dans un pays étranger. Plus je lui ai parlé de la peinture, de mon bonheur de t'avoir retrouvé, plus elle avait l'air inquiet. Je lui ai lu un passage sur Oppède[1]. Elle l'a trouvé très beau, « une vraie légende », a-t-elle dit. Et de rajouter : « Vous voyez, Saint-Ex ne peut pas vivre avec une femme comme vous ! »

Je finis cette lettre, mon cher mari.

Ta femme, Consuelo.

23 *2, Beekman Place, printemps 1944*

Mon enfant, mon mari, mon bien-aimé, je suis touchée jusqu'au fond du cœur que vous racontiez à vos camarades les petites histoires de mon enfance et cela me fait rire de voir qu'en pleine guerre vous vous demandiez pourquoi mon grand-père avait trois jambes après sa mort ! C'est bon de pouvoir rire, c'est si rare pour moi aussi en ce moment, mon chéri... Je vais donc consacrer ce dimanche à vous raconter l'histoire de mon grand-père aux trois jambes. Tu sais que San Salvador, mon pays, est une contrée volcanique de l'Amérique centrale. Nous avons constamment le volcan d'Ysalco en éruption, mais le volcan de San Salvador nous tourmente davantage encore parce qu'on le croit éteint et que de temps en temps il se réveille

1. *Oppède* paraîtra à New York en 1945, chez Brentano's.

et crache des coulées de lave sur la capitale. Chaque fois que ce phénomène se produit, la ville tout entière est menacée de mort... On appelle ces tremblements de terre des *terremotos.* Il y en a de circulaires qui vous donnent l'impression d'être des marrons dans une poêle, d'autres qui vous projettent de bas en haut comme des balles de tennis lancées vers le ciel. Lorsqu'ils se produisent, les murs des maisons se déchirent sur toute leur hauteur, tout se désagrège et on voit tomber les poutres sur sa tête, les plafonds, les cloisons tout entières. Pris de panique, on n'a pas même le temps de s'enfuir dans le jardin, d'ailleurs il ne sert à rien de courir car on peut tomber dans une crevasse épouvantable... C'est pourquoi j'aime tant le ciel et quand tu m'as demandée en mariage[1], ma joie d'épouser un aviateur, de pouvoir quitter la Terre, de voler très loin de cette méchante planète qui s'ouvrait si souvent devant mes yeux d'enfant, au Salvador, fut immense. Pour lutter contre ce fléau, on a fait appel au savoir des architectes les plus réputés du Japon et de la Chine, pays également volcaniques. Sur leurs conseils, on a fait des constructions avec des matériaux plus légers tels que le bois ou même le papier, mais alors il a fallu craindre les incendies... Après un grand tremblement de terre qui fit date dans les annales du pays, non seulement la ville de San Salvador mais encore mon tout petit village d'Armenia souffrirent plus encore de la soif que de

1. Allusion à la demande en mariage que lui fit Saint-Exupéry en plein vol, de nuit, au-dessus de Buenos Aires, quelques heures à peine après leur première rencontre. L'épisode est largement relaté par Consuelo dans les *Mémoires de la rose.*

Dans la maison de Consuelo,
El Mirador, à Nice en 1931, l'année
de son mariage avec Saint-Exupéry.

Une journée à la campagne,
peu après leur mariage.

Consuelo à vingt-six ans, alors qu'elle est l'épouse de l'écrivain Gomez Carrillo.

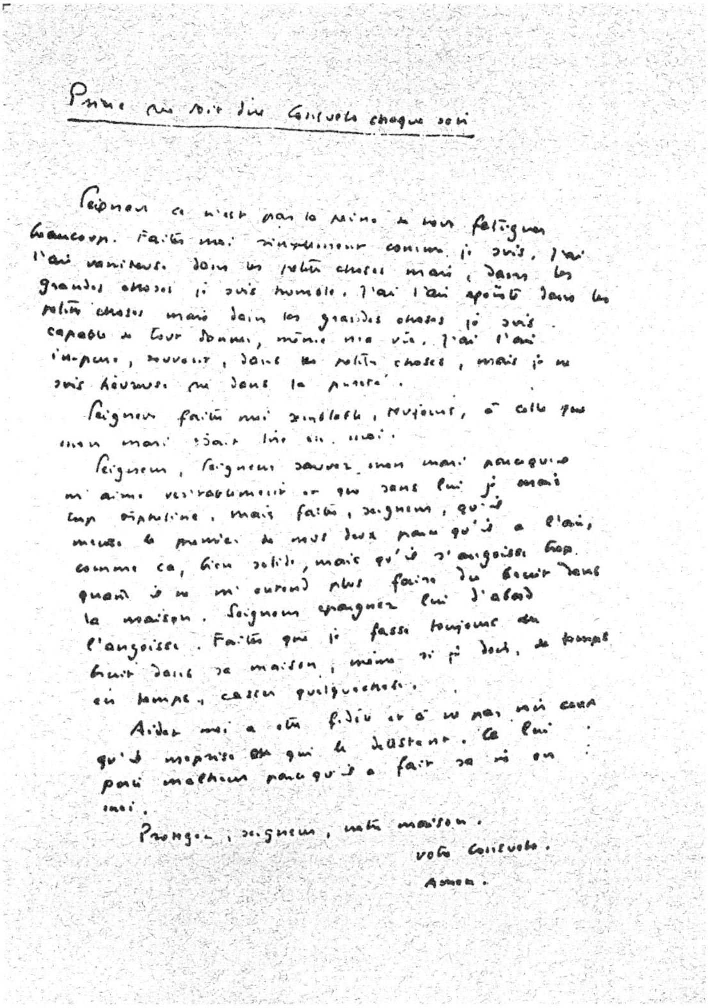

Prière qui doit dire Consuelo chaque soir

Seigneur ce n'est pas la peine de vous fatiguer beaucoup. Faites moi simplement comme je suis, j'ai l'air vaniteuse dans les petites choses mais, dans les grandes choses je suis humble. J'ai l'air égoïste dans les petites choses mais dans les grandes choses je suis capable de tout donner, même ma vie. J'ai l'air impure, souvent, dans les petites choses, mais je ne suis heureuse que dans la pureté.

Seigneur faites moi semblable, toujours, à celle que mon mari sait lire en moi.

Seigneur, Seigneur sauvez mon mari parce qu'il m'aime véritablement et que sans lui je serais trop orpheline, mais faites, Seigneur, qu'il meure le premier de nous deux parce qu'il a l'air, comme ça, bien solide, mais qu'il s'angoisse trop quand il ne m'entend plus faire du bruit dans la maison. Seigneur épargnez lui d'abord l'angoisse. Faites que je fasse toujours du bruit dans sa maison, même si je dois, de temps en temps, casser quelque chose.

Aidez moi à être fidèle et à ne pas voir ceux qu'il méprise ou qui le détestent. Ça lui porte malheur parce qu'il a fait sa vie en moi.

Protégez, Seigneur, notre maison.

Votre Consuelo.

Amen.

Manuscrit d'une prière écrite par Antoine à l'attention de Consuelo.

Il est amusant de remarquer, dans cet autoportrait de Consuelo, sa ressemblance avec le Petit Prince dessiné plus tard par Antoine.

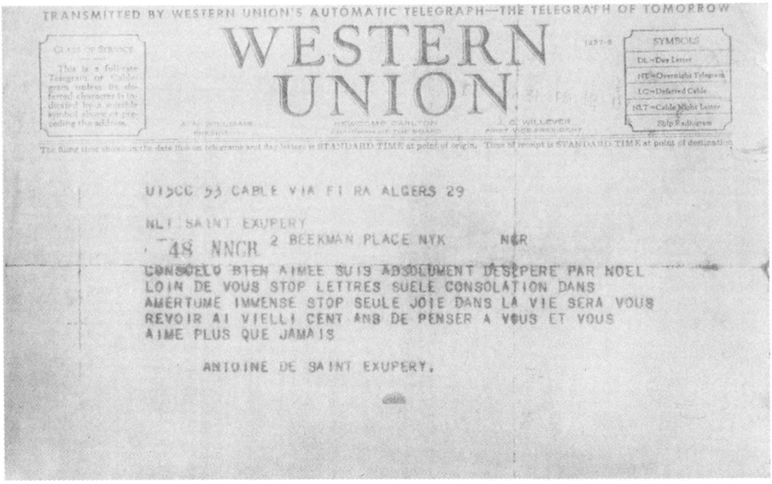
TRANSMITTED BY WESTERN UNION'S AUTOMATIC TELEGRAPH—THE TELEGRAPH OF TOMORROW

WESTERN UNION

SYMBOLS

UI5CC 53 CABLE VIA FI RA ALGERS 29

NLT SAINT EXUPERY

48 NNCR 2 BEEKMAN PLACE NYK NCR

CONSUELO BIEN AIMEE SUIS ABSOLUMENT DESEPERE PAR NOEL
LOIN DE VOUS STOP LETTRES SUELE CONSOLATION DANS
AMERTUME IMMENSE STOP SEULE JOIE DANS LA VIE SERA VOUS
REVOIR AI VIELLI CENT ANS DE PENSER A VOUS ET VOUS
AIME PLUS QUE JAMAIS

ANTOINE DE SAINT EXUPERY.

Télégramme envoyé d'Afrique du Nord par Saint-Exupéry en 1943,
juste après Noël, le dernier qu'il vivra.

A Paris dans les années 50.
Consuelo sculpte le visage de son mari

Cérémonie religieuse à la mémoire d'Antoine de Saint-Exupéry à l'église de Saint-Germain-des-Prés, après la guerre. *De gauche à droite :* le colonel Souard, Simone de Saint-Exupéry, Consuelo et le général Chassin de l'armée de l'air.

Avec le peintre surréaliste espagnol Oscar Dominguez.

En 1957, vernissage d'une exposition de peinture de Consuelo à la galerie Bernheim Jeune. A côté de Consuelo, sa belle-sœur Simone.

1960 : présentation de la rose Saint-Exupéry, en présence de Didier Daurat, ancien chef de la Compagnie aéropostale. La statue de Saint-Ex, intitulée *Vol de nuit,* est l'œuvre de Consuelo.

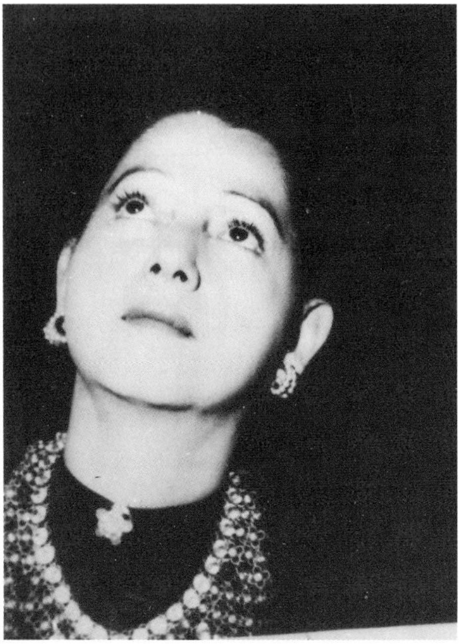

En 1951 au Mexique.

En 1939 à La Feuilleraie.

Séance de pose pour le peintre
Edmond-Marie Dupuis en 1939.

Tous les documents proviennent d'une collection particulière.

la famine. Nous ne pouvions pas même enterrer nos morts, parce que toutes les tombes s'étaient entrouvertes et les squelettes étaient visibles de tous... Ma mère, Espagnole de vieille souche et très pieuse, songeait à ses morts, tout en soignant les blessés. Elle suppliait mon père[1] d'envoyer quelqu'un au cimetière pour voir le sort que le tremblement de terre avait infligé à notre caveau familial. Le fidèle Indio Thimo partit donc à dos de bourrique avec des instructions précises. Le lendemain à l'aube, il revint, coiffé de son sombrero, il pénétra sous notre tente de camping, et je me souviens de la terreur de mes parents en le voyant décharger une bière où il disait avoir fait rentrer le corps de notre grand-père. Il nous dit : « Excusez-moi, le grand-père a trois jambes, tout était dehors, les ossements étaient tout mélangés, et comme je ne pouvais pas reconnaître ses jambes, j'ai mis tout dedans. »

On transféra le contenu de la bière dans une malle-armoire qui avait résisté au tremblement de terre et on ferma le tout à clé.

Peu à peu, je ne sais par qui, les Indiens apprirent que notre grand-père avait trois jambes. Un dimanche, après la messe, ils réclamèrent à grands cris à mon père la troisième jambe. Le curé servit d'intermédiaire dans cette affaire qui commençait à tourner mal... Cette jambe, disaient-ils, leur appartenait, il fallait la leur rendre, elle était leur bien à tous... Mon pauvre père était désolé d'avoir à remuer

1. La famille de Consuelo Suncin compte parmi les sept plus riches familles d'El Salvador. Elle subit néanmoins des revers de fortune du fait de la grande instabilité politique du pays.

et à trier les os de son père et donna les clés à Monsieur le curé pour effectuer cette restitution. Il fut décidé que cette troisième jambe serait déposée dans l'ossuaire commun et qu'une messe serait dite le dimanche suivant. Mais quand le curé se présenta à la porte de notre jardin, ma mère le reçut fraîchement et refusa absolument de restituer la troisième jambe de notre vénéré défunt. Elle chargea le prêtre de dire aux vêpres à tous ses fidèles que s'ils voulaient la guerre, ils l'auraient, mais qu'elle était fermement décidée à conserver cette jambe et qu'il pouvait les assurer qu'elle était déjà enterrée en lieu sûr, dans nos propriétés. Mon père essaya de raisonner ma mère : en vain car ses sages discours ne firent qu'augmenter sa colère, provoquèrent une crise de larmes et la mirent dans un état où nous ne l'avions jamais vue. Mon père finit par céder et il fut convenu solennellement entre eux que ces trois jambes resteraient dans la famille et seraient enterrées avec le premier des deux enfants qui mourrait. Je suppose que le curé emporta une caisse vide destinée à l'ossuaire et une offrande généreuse de mes parents pour soulager la misère des Indiens.

En 1924, une dizaine d'années après cet incident, mon père mourut. Selon la coutume au San Salvador, les réjouissances précédant les obsèques durèrent trois jours. Le défunt vêtu de son grand uniforme de colonel reposait sur son lit. Chacun apportait à la maison des fleurs de couleurs vives qui s'amoncelaient sur le lit mortuaire. On servit des rafraîchissements à tout le village. Il faisait très chaud, les mouches commençaient à voleter autour du cadavre. Il était temps de transporter le défunt au cimetière.

On mit donc le corps en bière. On fit boire à ma mère l'infusion d'herbes qui devait lui donner le courage d'accompagner le cortège. On ouvrit toutes grandes les portes pour permettre la sortie du catafalque que devaient transporter jusqu'au cimetière les plus chers amis du mort. Tout était prêt. Le cortège allait quitter la maison lorsque ma mère s'écria : « Impossible, j'ai promis à mon pauvre mari qu'il emporterait avec lui des papiers très précieux et auxquels il tenait beaucoup... »

Or ces papiers se trouvaient, disait-elle... sur une de nos propriétés à plusieurs jours de marche. « Mais une promesse est une promesse, surtout faite à un mort... » On descendit la bière du catafalque, on la décloua, les réjouissances et les rafraîchissements reprirent... L'oncle Hilarion, frère de ma mère, partit avec des chevaux, avec mission de rapporter les précieux papiers. Il fallait faire vite, dit ma mère, qu'importait si les chevaux y devaient laisser leur échine ou même leur carcasse !

Cela dura plusieurs jours. Les mouches voletaient plus que jamais autour de la bière, les fleurs étaient fanées. Ma mère, stoïque, attendait. Enfin l'oncle arriva. On déchargea une énorme malle, que les chevaux avaient eu beaucoup de mal à porter. Ma mère demanda qu'on la laissât seule avec son frère, et tout le monde se retira. Dès qu'ils furent seuls, ma mère ouvrit la malle. A la grande terreur de mon oncle, ce furent des ossements qui surgirent. C'est depuis ce moment que mon oncle Hilarion bégaie car, coïncidence curieuse, il avait rêvé la nuit précédente qu'il recevait une avalanche d'os sur la tête !

Ma mère déposa le reste des ossements dans la bière et c'est ainsi que mon grand-père aux trois jambes resta pour l'éternité auprès de son fils...

Tu pourras grâce à tous les détails que je t'ai donnés faire rire tes camarades, mon chéri, et penser par là à ta pauvre Pimprenelle, ta petite sauvage Maya, qui est tout exilée dans la grande ville solitaire...

24 *2, Beekman Place, été 1944*

Mon mari, mon Tonio, tu me manques et je t'attends mais je crains de ne jamais plus te revoir. J'implore Dieu de m'entendre, j'invente de longues prières pour qu'il nous réunisse. Je lui dis : « Seigneur, la vie réelle m'est complètement incompréhensible, je ne suis pas encore tout à fait née, mon Dieu tout amour et toute bonté, je suis effrayée devant ce qui m'attend. Seigneur il me faut naître à toi, je tâche d'en être digne, je te prie, je ne veux pas mourir sans naître vraiment. Oh ! mon Dieu, je te demande pardon de vivre ainsi, mon âme est prise et je vis ici pour oublier, et je te promets mon Père tout-puissant, mon Père tout tendre, que je ferai tout pour être pure. Laisse-moi vivre jusque-là, donne-moi la main, Seigneur, pour moi c'est immense de m'accorder le droit de te parler. Parfois je crois que je pèche en t'appelant sans cesse à cor et à cri tout en fermant mes oreilles à ton amour. Mais je les ouvrirai pour écouter ta voix. J'attends, mon Père, que tu me donnes la force et alors je serai humble et soumise. Je me prépare, Seigneur, peut-être me donneras-tu ce cadeau, mais de grâce, laisse-moi être prête, être en ordre en moi-même. Tu es si bon, mon Père, tu comprends mes faiblesses et tous mes manques. Si tu veux bien, tu peux tout faire, tu peux me laisser toute seule ici dans le lac George et, Seigneur, tu sais que je contemplerai l'eau douce, les arbres et le silence mais je voudrais, mon Père, puisque je suis seule, être loin des choses de la Terre et vivre près de toi, dans toi, dans ton amour. Ah ! fais-moi parvenir au seuil de ton jardin ! Je suis épuisée de tant réfléchir et mon cœur pleure et je sais que tu n'aimes pas le désespoir. Je tâcherai ce soir de me mettre au lit sans larmes ou bien alors, si je pleure, ce seront des larmes d'amour pour toi. Merci Seigneur. » Tu savais, toi seul, mon Tonio, que l'amour est le plus direct chemin et le plus court, tu me disais : « Pour qu'une rose soit belle, il faut un jardinier qui s'en occupe, la soigne, l'arrose. » Mais tu n'es plus là, aujourd'hui, et ta rose se fane sans son jardinier.

25 *2, Beekman Place*
(on situera cette lettre bien après la disparition de Saint-Exupéry, fin décembre 1944)

Que j'aille très loin, en train, en avion, sous la mer, par la terre, j'ai l'impression que jamais je ne pourrai arriver jusqu'à toi.

Tonio, Tonito, mon homme, mon fils, mon clocher, fais sonner les grandes cloches parce que je ne peux pas respirer. J'ai grossi en attendant la houle qui va te ramener.

Je tombe avec les feuilles, avec la pluie, avec ma jupe de fête. Je ne peux pas marcher à force d'attendre le moment où je reverrai tes yeux, ronds comme des fleurs.

Tu ne vois pas que je ne peux pas arroser l'arbre de Noël pour le faire grandir. Mon mari des étoiles, j'ai de tout petits pieds et de toutes petites mains, il faut que tu reviennes m'aider.

Je ne sais pas comment j'ai marché depuis mon enfance jusqu'à aujourd'hui. Ma vie fut un immense vertige. A présent, j'ai des cheveux gris, j'ai tellement de larmes dans ma bouche que cela me suffirait pour boire toute ma vie. Pourquoi, Tonio, mon Tonio, mon mari, mon mal et mon bien, mon ciel et mon enfer, es-tu parti pour ne jamais revenir ? Je ne peux pas le croire, je ne veux pas le savoir, tu es parti dans ton avion, le 31 juillet, en mission de guerre et tu n'es pas revenu. Pas de nouvelles de toi et l'année va finir. Il faut que je l'accepte, et si je l'accepte, c'est pour t'aimer davantage. Comme je t'aurais aimé si tu étais revenu ! Comme toi aussi tu aurais fait la même chose pour moi !

Seigneur à la couronne d'épines, arrache-moi le cœur pour qu'il ne me fasse plus mal. Tu sais, toi, que Tonio est tout pour moi. Sans lui, je ne suis rien. Sur la table de ma chambre d'hôtel[1], j'ai un

1. Son meublé, sans doute.

livre de lui, son portrait avec son manteau de soldat en cuir et ses fines mains d'homme comme des ailes et sa barbe pousse avec mes larmes.

Seigneur grand et miséricordieux, je te donne ma peine, et ma douleur. Mon Père, aide-moi. Je n'ai personne pour aimer, pour attendre, pour embrasser. Ma maison est devenue petite, seule ma fenêtre reste ouverte pour faire entrer le ciel où il est parti en s'envolant pour ne pas revenir.

Rendez-le-moi, mon Père, je vous en prie, faites un miracle. Si vous me le rendez dans sa tendresse, je le coifferai, je le laverai, je l'embrasserai et ensemble nous irons jusqu'à vous.

26 *Cambridge, Harvard University,*
décembre 1944

Tonio,

Ce n'est pas dimanche, mais j'ai des larmes plein les yeux, c'est pour cela que je t'écris et en espagnol, mon amour.

Je suis à Cambridge[1] pour voir Santillana[2], il est toujours le même professeur, plein de bonté mais ses cheveux ont blanchi et je l'ai trouvé inquiet. Que Dieu veuille que je me trompe ! Je suis venue ici pour penser à toi. A New York, il y a trop de bruit et on n'écoute pas assez sa voix intérieure.

1. Université de Harvard, à Cambridge, proche de Boston.
2. Giorgio de Santillana, scientifique et professeur à l'Université Harvard, Cambridge. Ami du couple.

Cela fait cinq longs mois que tu es parti, je ne sais où. Cinq longs mois que je n'ai pas vécus, où je n'ai pas travaillé et où j'ai tant de peine à me soigner. Je commence à envisager mon existence sans toi, que faire ? Aller voir ta mère ? J'y pense. Mais surtout m'occuper de moi comme je m'occupe de toi. Ah ! Tonio, ce n'est pas possible, il faut que tu reviennes pour ta petite souris Consuelo, et alors toutes les cloches sonneront claires et allègres comme dans la nuit de la Nativité et toi tu les entendras et tu reviendras comme un bon mari, et jamais plus tu ne partiras seul...

Mon Tonio, je t'attends comme je te le confie là tout simplement, je sais que tu reviendras et que tu m'aimeras comme tu aimeras ta maison. Amour, dans mes heures de grande tristesse, j'entends les gens qui voudraient déjà t'enterrer. Non, tu n'es pas mort, mon bien, non, parce que moi, je serais déjà froide.

Mais chassons ces mauvaises pensées, demain, je retourne à New York, dans mon petit appartement de Lexingston Avenue[1]. Je retournerai plus tranquille parce que je te sens plus près de moi. Peut-être suis-je sur le chemin des bonnes nouvelles. Il faut que tu me donnes mon cadeau de Noël toi-même, de tes propres mains. Je ne peux pas croire que tu ne reviendras plus, c'est pour cela que je reste à New York, dans cette ville de fer.

Je t'attends. Le chauffage central fait beaucoup de bruit dans la maison, il a mal au ventre lui aussi, et moi je souffre toujours de mon doigt fracturé. Je

1. Consuelo avait loué un petit atelier sur cette avenue où le grand magasin Bloomindsdale's qui l'employait avait une entrée.

n'arrive pas à former de jolies lettres et je fais de grands efforts pour écrire clairement afin qu'un jour tu puisses me lire. Ah ! Tonio, tu me fais peur, amour de ma vie !

A présent que j'ai pleuré, je me sens consolée et je suis plus tranquille. Je suis toute seule, de Consuelo à Consuelo ! Mais la peur que tu ne reviennes pas s'est envolée par la fenêtre. De retour à New York, je vais aller chez le docteur tous les jours pour soigner mon doigt. Tous les jours aussi, je vais recopier une page entière du *Petit Prince*, et quand j'aurai fini, je maîtriserai mon français. S. m'a appris à dire « si j'avais » et non pas « si j'aurais », et je voudrais bien m'en souvenir.

Je vais me coucher ce soir à dix heures, il faut que je dorme, il faut aussi que je fasse de la peinture, et du piano et que j'écrive... Plus tard, l'année prochaine, j'en ferai un peu plus. Aide-moi à réaliser mon travail jusqu'à la fin de l'année.

Tu me conseillerais peut-être d'aller voir des amies, « les vieilles » ! Ah non ! je n'ai rien à leur raconter. J'écrirai seulement des histoires pour toi, mon amour !

Ta Consuelito.

27 *2, Beekman Place, début 1945*

Bientôt six mois que vous êtes porté manquant, vous, mon époux, mon amour, en vain j'écris des lettres à toutes les organisations qui tentent de retrouver le grand perdu de la guerre, la Croix-Rouge, le Vatican, la Délégation française à Washington et sur le ton de la prière à tous les généraux et à tous les politiciens que nous avons connus ensemble. Personne ne m'a répondu, même pour me consoler. C'est toujours encombrant, la femme d'un homme porté disparu, c'est quelqu'un qui n'est pas en ordre, avec lequel on ne peut pas traiter comme avec une vulgaire veuve. On n'a pas le droit d'être tout à fait triste ni en deuil et on ne doit pas non plus rire et embrasser les dernières feuilles de l'automne. Je me sens rejetée comme un objet perdu. Je me dis que je suis aussi perdue que toi, mais qu'on finira bien par se retrouver. Peut-être demain me remettra-t-on un télégramme m'annonçant que vous êtes prisonnier ou dans un hôpital, que bientôt vous allez me joindre et les heures seront plus clémentes, elles ne me diront plus ce qu'elles me disent aujourd'hui : « Tu n'entendras plus jamais parler de lui » ou « Un jour, on t'annoncera qu'il a été tué, à X... » ... C'est mon lot de détresses quotidien, mon bien-aimé, mon petit déjeuner de tous les jours et mes prières du soir essaient vainement de conjurer mon désespoir. En vain, je me mets les mains sur les yeux, la tête sous l'oreiller ou sous la douche ou je me plonge dans les rumeurs enivrantes d'un théâtre ou de la rue, mais la pendule tragique de la vie me rattrape toujours. Je ne sais pas, mon amour, combien de temps cela durera, mais je deviens faible et je crains pour mes forces, pour la santé de mon esprit. Je sais que je ne durerai pas longtemps...

J'étais tellement fatiguée dernièrement que j'ai honte devant toi de t'en parler. Je t'écris ma « lettre du dimanche », un peu honteuse, mais je persévère à les écrire parce qu'elles sont les seuls liens qui me retiennent à toi.

Je te parle dans ces lettres au point que je n'ai pas l'impression de les écrire, et tu me réponds dans l'invisible, tu me rassures, et tu me consoles même. Alors tu me permets de redevenir ta femme, je m'achète une belle robe et je vais chez Arnold, je dîne à la même table où nous dînions ensemble, je savoure toute seule un repas français, servi avec le sourire de M. Arnold en personne qui infailliblement me demande de tes nouvelles. Ces jours-là que toi seul sais me donner sont mes grands jours de fête. Je sens que la vie m'attend quelque part, là dans le pays où tu es, n'importe lequel et comme un bateau qui hisse ses voiles, je fais mille projets que j'essaie de mettre en route. Ainsi ai-je décidé de commencer un nouveau livre. Je l'ai intitulé *Le Village à la chandelle.* Je n'en ai écrit qu'une dizaine de pages, mais je sens que je vais avancer vite. J'ai commencé aussi à illustrer *La Fiancée de la pierre* qui paraîtra en avril chez Brentano's. Je te dédierai l'ouvrage. Peut-être sera-t-il mon premier livre et mon dernier si tu ne reviens pas m'encourager.

Mes mains sont toujours maladroites, depuis que je me suis cassé un doigt au Lake George. Je ne peux même pas écrire à la machine, à peine avec une plume, et je ne peux pas tirer de mon sac les tickets pour le métro ou l'autobus. J'en suis là, pauvre de moi...

Ton éditeur me dit : « Je ne peux pas vous donner la pension convenue, je pourrais avoir des ennuis, votre mari m'a demandé de le faire, mais où est-il ? Je ne peux pas continuer ainsi à traiter avec personne. Vous n'êtes pas lui. Saint-Ex est manquant, si un jour on le déclare mort et qu'on prouve sa mort, alors vous hériterez, vous serez riche, car ses livres se vendent très bien. J'ai de l'argent en banque pour lui. Comme vous êtes sa femme, un jour vous toucherez de grosses sommes. Mais pour l'instant, ce n'est pas possible. »

Je ne sais pas comment je vais pouvoir continuer à vivre si ton éditeur ne m'aide pas. Je pourrais aller en prison si je ne parviens pas à payer une dette, si petite soit-elle ou mon dentiste et n'envisageons même pas que j'aie une maladie sérieuse. Je n'ai droit à rien.

Ces histoires d'argent son bien embêtantes, mais ce sont les seules que j'aie, alors j'arrive même à les trouver agréables à force de solitude. Que ferais-je sans me demander : comment vais-je payer mon docteur, ma maison et mes vacances ? Car on peut souffrir beaucoup, on peut être désespéré, on n'en est pas moins homme, et j'aime le soleil, l'air pur, le ciel clair, les arbres touffus de feuilles et je songe, je l'avoue, à mes vacances d'été. Je serai seule, je serai triste, je ferai de la peinture, je continuerai à t'écrire, et qui sait, peut-être Dieu viendra-t-il me parler de toi. Ma peinture plaît, et mieux que cela, j'ai vendu des toiles ce mois-ci grâce à quoi je peux me permettre une secrétaire, et les autobus et payer mon studio et me réjouir de l'arrivée imminente du printemps...

DEUXIÈME PARTIE

RETOUR DE NEW YORK

1946-1954

« Cette tour est ivre. Je suis seule.
L'amour des étoiles reste vrai. »

(Verso d'une carte postale
écrite par Consuelo à Pise,
octobre 1952.)

1 *Paris, printemps 1946 ?*

Par tes lettres, je suis de ta famille, cette famille que tu aimes protéger, dont tu aimes à savoir qu'elle vit en harmonie, comme la moisson doit être à l'abri de la pluie. Mais voilà, tu n'as pu rentrer, et protéger ta moisson, ta Consuelo. Peut-être ne l'as-tu pas désiré assez fort ? Tu aimais protéger les faibles pourtant, et tu m'as laissée toute seule.

Mais je fais en sorte que ma maison continue à vivre. Comme c'est le printemps, je me fais bergère des grands bouquets de roses que je rapporte des Halles ou de la campagne quand mes amis m'invitent dans leur maison de week-end.

Aujourd'hui, j'arrive d'Orléans. Mes amis qui ont beaucoup d'enfants m'ont logée dans une belle auberge, La Montespan. Ce château au bord de la Loire, je comprends qu'il soit devenu auberge. Ce serait trop triste pour un couple, ces salles immenses sans personne pour les animer, ces cèdres du Liban, trop écrasants, dans le parc trop grand pour deux amoureux...

J'ai envie de tout et je n'ai que mon petit appartement[1] plein de fleurs et de chansons. Mais je ne

1. 24, rue Barbet-de-Jouy.

sais plus pour qui chanter. Mon cœur me fait encore mal. Le monde est trop grand pour moi, et j'ai commencé à couper les pattes de la vie, alors je suis perdue, je ne sais plus vivre, et je me dis qu'il faudra bientôt déménager vers une autre planète... Pas très gai tout cela. Mais un poussin, tu sais, ne voit pas plus loin que ses petites pattes, et il lui faut un gardien pour le prévenir des mauvaises saisons et des chemins sans issue.

J'ai un grand port dans ma vie, TOI, et j'y débarque à n'importe quel moment, par tous les temps, parce qu'il m'accueille quand je veux, et béni soit Dieu qui t'a fait et mis sur mon chemin...

2 *Paris, 1946*

Tu sais, je vais t'écrire, encore et encore. J'avais appelé à New York mes lettres, « lettres du dimanche », parce que j'avais commencé un dimanche à t'écrire après la messe. Elles étaient toutes prêtes pour toi au cas où un de tes amis militaires serait passé me voir et te les aurait transmises par l'*underground*... Je n'avais plus de larmes, mon amour, il avait fallu que je me batte pour trouver un toit où m'abriter et pour abriter aussi Annibal, votre bouledogue mastiff que vous aviez tant aimé à New York. Quand j'ai quitté l'appartement de Greta Garbo, les murs blancs étaient maculés de taches de bulles de savon sur lesquelles Annibal s'élançait pour les écraser. Je vous avais demandé, vous en souvenez-vous, pourquoi vous lui aviez appris à se jeter ainsi contre des bulles de savon. Vous m'avez dit : « J'attendais votre question, Consuelo. C'est parce que, voyez-vous, les chiens ont très peu de mémoire et quand je partirai, si vous ne pouvez pas le garder, vous le confierez à une de nos amies à la campagne. Je pense à Madame E. qui a promis de le garder si nous en étions encombrés. Alors quand je reviendrai et si vous le lui avez donné, j'irai reprendre mon chien, et s'il ne me reconnaît pas, je ne le battrai pas, je lui ferai des bulles de savon et il saura que c'est son maître qui est de retour. » Je suis seule maintenant, mon Tonio. Vous n'êtes pas revenu. Mais vous êtes éternel, mon enfant, mon mari, je vous porte en moi, comme le Petit Prince, nous sommes intouchables. Les vrais intouchables, ce sont ceux qui, comme nous, sont dans la lumière, dans la pureté de la création. Je lis et je relis toujours votre dernière lettre. Cela m'a émue que vous ayez enfin compris la petite Consuelo, « la plume d'or » comme vous l'appeliez souvent, la Pimprenelle de charme, pimprenelle, comme cette petite fleur que j'ai cueillie chez nos amis Werth, à Saint-Amour dans leur propriété de campagne. Je pense aussi à eux, aux Werth. A leur extrême gentillesse quand je vous ai prié de ne pas me dédier *Le Petit Prince* mais de le dédier à notre ami juif, Léon Werth, qui nous avait abrités à la campagne pendant nos querelles d'amoureux. Et nous étions si heureux dans sa maison. Hélas, ce bonheur fut si court. A qui la faute ? Mon chéri, je suis heureuse que vous ayez su combien je vous ai aimé, heureuse que vous ayez compris que je vous ai donné toute ma jeunesse, toute ma vie jusqu'à l'éternité.

Je suis heureuse d'avoir éclairé, ne fût-ce que de ma misérable étoile, votre vie. Tu étais si amer avant de partir. Je ne savais plus comment te distraire, et je te proposais d'aller au Center Park voir les animaux, on allait souvent voir les tigres, les chimpanzés et bien que tu n'aimes pas les singes, tu leur donnais à manger dans tes mains, j'avais les poches pleines de cacahuètes pour que tu en distribues à tous ceux qui t'entouraient et j'arrivais quand même à t'arracher un sourire. Toute la journée tu avais une brume sur toi, qui assombrissait ton visage, alors tu prenais de grands ciseaux et tu faisais de petits avions en papier. Ces petits avions volaient et comme tu faisais souvent cela, un jour, un policier est venu à la maison pour nous demander de ne plus continuer à salir les rues de New York. Tu as souri mais je voyais bien à ton expression que tu n'étais pas du tout heureux. Tu ne le serais, disais-tu, que lorsqu'on te donnerait la permission de rejoindre ton escadrille, le groupe 2/33, pour aller te battre, pour qu'on te tire dessus. Il fallait prendre des photographies, tout le monde le sait, avec des avions qui puissent voler le plus bas possible. On ne voulait pas que tu voles mais tu as tellement insisté que tu as eu gain de cause.

Je ne me plains pas, Papou, malgré ma solitude, malgré mon veuvage, parce que je sais que tu es parti heureux, comme tu me l'as dit : « Il faut qu'on me tire dessus, que je me sente lavé, que je me sente propre dans cette drôle de guerre. »

Je ne regrette rien de toute cette histoire passée. Et surtout pas de t'avoir rejoint à New York. D'avoir répondu à ton dernier rappel. A ton grand mot d'amour pour que je vienne me plonger dans tes bras. Tu avais une amie très chère, la princesse Nadia de Bragance. Nadia à laquelle je dois tous les télégrammes que tu m'as envoyés à Oppède. C'est elle qui t'a dit un jour chez sa marraine : « Ecoutez, Saint-Ex, vous n'allez pas épouser une de ces blondes avec lesquelles vous sortez ? Alors pourquoi ne faites-vous pas venir Consuelo, qui sûrement a froid et faim dans son village d'Oppède où elle est toute seule ? » Et vous avez dit : « Nadia, rappelez-moi, avant de rentrer à la maison, nous passerons à un poste de télégraphe et nous enverrons le télégramme à Consuelo. » Et je suis revenue vers toi. Je me souviens de ce que me disait la femme d'André Maurois, à New York, et elle avait raison : « Quand on épouse un écrivain, on entre dans les ordres, dans un ordre qui n'a pas de nom et dont on doit inventer la règle, on doit tout construire sans que cela ne se voie, comme une petite araignée fait sa toile et recommence, quand on la balaie d'un coup de brosse. Et elle recommence, oui, sa toile. C'est cela, la vie d'une femme d'écrivain. »

Je parle et je parle, mais je te parle parce que tu aimais tant cela. Tu me disais toujours : « Raconte-moi des histoires, petite Consuelo, parfois quand je suis perdu parmi les étoiles, ou quand je ne sais pas si c'est la polaire ou une lumière sur la Terre qui me fait des signaux, je me dis que c'est ma petite Consuelo qui m'appelle et je t'assure que je te verrai. Je me dirige où tu me dis d'aller. Et tes histoires me guident. »

Je me souviens, mon Papou, oui, de toutes ces douces paroles que tu me disais. Tonio, je ne suis pas seule, je ne crois pas que vous soyez parti. Je sens tellement votre présence, votre regard posé sur moi à l'infini. Je ne ferai plus un mouvement qui ne vous déplaise et qui ne nous éloigne, même à présent que vous êtes parti. C'est fini, nos grandes querelles d'amoureux. J'ai tout oublié, vos vacances, vos absences, mes attentes. Il fallait que cela se passe, que tous ces moments soient traversés. La tempête était dans mon cœur mais il suffisait que vous me passiez vos mains d'archange sur le front et que vous me disiez ces mots qui sont pour moi sacrés, d'amour, de tendresse, de fidélité, et tout vous était pardonné. Votre désir était le plus fort, plus fort même que l'amour que vous portiez à votre petite Consuelo. Vous deviez participer avec les vôtres à tout ce qui était enfermé dans votre patrie, partager leur misère, leur faim, leur humiliation de vaincus. Je l'ai compris très vite, ce désir-là. Celui qui vous tenait tant à cœur de partager la rigueur infligée à vos amis. Vous vouliez vous laver dans cette rivière de balles, avoir un contact de chair avec cette guerre. Je l'ai su, oui, depuis mon arrivée à New York, que vous alliez partir.

3 *Paris, 1946*

Le silence me pèse de plus en plus. Je suis seule, sans toi. J'ai même renvoyé dans sa banlieue la jeune fille qui tapait à la machine car elle m'assommait avec ses questions. Je préfère le vrai tête-à-tête avec toi plutôt que de devoir répondre à des questions idiotes à chaque phrase que je dicte. Je pourrais t'écrire à la main mais j'ai comme une crainte du papier blanc, et à la machine, les mots me paraissent moins inoffensifs.

Toute la semaine se passe à m'acclimater à ma nouvelle vie dans mon appartement. Je donne des rendez-vous sans jamais m'y rendre, je me gronde, je perds la notion du temps, je bouge même lentement.

Toi, mon Tonio, tu me regardes dans l'infini, je caresse les têtes de plâtre que j'ai faites de toi, et cela me suffit. J'attends ce soir la femme du jardinier-créateur qui a créé de nouvelles espèces de roses qu'il voudrait baptiser « Consuelo » et « Saint-Exupéry ». Je voudrais trouver plutôt un nom de lumière secrète, quelque chose qui dirait le lien magique qui nous unit. Mais je crois que notre amour est indéfinissable.

4 *Paris, sans date (1946 ?)*

Je suis si triste que notre chien soit mort. Il me rappelait sans cesse à vous, et Annibal vivant, c'était vous encore qui l'étiez. Il m'est arrivé, vous vous souvenez, dans une malle. J'habitais alors dans un petit bungalow de bois, sur la plage de West Port près de New York. Dans ce bungalow, je jouais à la mère de famille avec les enfants de Denis. Sa femme s'était envolée vers d'autres noces... J'ai consolé le pauvre Denis qui, à son tour, m'a consolée des trois années de vacances que vous aviez déjà prises dans notre ménage. J'avais plus de chance que Denis. Vous veniez me surprendre n'importe où sur la Terre et vous me trouviez toujours. Vous arriviez chargé de cadeaux précieux et vous me racontiez des histoires des *Mille et Une Nuits.* Puis vous repartiez en me disant : « Oui, c'est bien triste que je ne puisse être plus longtemps votre mari. » C'était ainsi. Les hommes s'habituent à tout. C'était devenu normal, ta façon de t'en aller.

Tu me considérais comme une petite fille, et quelquefois tu osais me lire à haute voix les dédicaces enflammées que tu écrivais sur tes livres à tes admiratrices. Tu t'exclamais : « Si je ne détestais pas d'être vantard, je te lirais les lettres que j'adresse à Madame E.[1]... Tu sais, un écrivain emploie tous les moyens pour que ses mots exercent une séduction magique. Souvent tu serais jalouse de certaines phrases intimes qui m'échappent mais c'est mon métier, comprends-tu, de bien écrire ! Il me semble normal que tu sois heureuse de mes conquêtes féminines. Je n'aime pas jouer les don Juans mais sache, ma femme, que je suis ton mari pour l'éternité et que jamais nous ne nous séparerons. » Mais je reviens à Annibal... Un samedi soir donc, ta voiture est arrivée à mon cottage. Je te recevais toujours avec amour, comme si tu étais parti la veille, tu m'apportais du chocolat, du pâté et souvent du champagne. Mais ce jour-là, tu n'en finissais pas de décharger ta voiture, une valise puis une autre

1. Il s'agit de la dernière maîtresse de Saint-Exupéry qui l'aida beaucoup dans sa carrière d'écrivain et d'homme public. Elle contribua, après sa disparition, à effacer Consuelo de sa légende. (Voir la Préface.)

valise, puis une malle... Si ma maison était pleine d'amis, tu ne t'embarrassais pas pour dire : « Ne vous inquiétez de rien, je coucherai dans un hamac. Ce que je veux, c'est offrir les plus beaux cadeaux à Consuelo. Je suis tellement heureux de voir son visage rayonnant de plaisir à l'ouverture de la moindre boîte ou du moindre petit paquet. » Je me suis jetée cette fois-là sur onze colis enveloppés dans des cartons différents, tous enrubannés de ficelles dorées. Mais j'avais une certaine appréhension d'ouvrir les grands objets inquiétants. Je regardais les valises et je vis qu'elles étaient gravées à mon nom. J'ai ouvert la première car les clés étaient restées attachées à la poignée. Un frou-frou de soie rose et bleu et du linge blanc comme pour un trousseau de fiancée en sortirent. Dans la deuxième valise, c'était de la lingerie noire avec de vraies dentelles ivoire et ocre comme celle que portait Marlène Dietrich dans *L'Ange bleu* ! Je l'ai fermée presque avec indignation, ne sachant pas pourquoi tu m'avais acheté cela alors que pendant des années, tu m'avais toujours dit qu'une femme est bien mieux toute nue plutôt qu'enveloppée dans un tas de rubans...

Mais pour finir l'inspection, j'ai ouvert la malle. Tu penchais ton visage pour regarder le mien car j'étais accroupie essayant d'ouvrir la serrure qui était en cuivre. J'entendis alors un grognement d'enfer et... Annibal sortit de cette malle si savamment confectionnée avec des trous pour qu'il puisse respirer et tout le confort pour un chien... Il était jeune, à peine trois mois, plutôt gracieux et câlin. Je me rappelais soudain les chiens que j'avais possédés à San Salvador dans mes plantations de café. Et ceux que Maeterlinck m'avait offerts et que j'avais baptisés Pelléas et Mélisande, un couple de bergers allemands plus policiers que tous les Sherlock Holmes de la Terre. Je me souviens encore de ton sourire qui éclairait ton visage quand j'ai serré le chien en disant : « Je le baptiserai... » Je t'ai alors regardé. Tu avais la rose du cœur dans tes yeux, sur ta bouche, dans ta taille d'arbre, tu étais debout dans la pièce, tu la meublais entièrement, tu la remplissais avec ton costume de flanelle grise, tes bras bien accrochés à tes épaules de géant avec tes deux mains, tu serrais tes reins, cambrés comme pour l'assaut de mon cœur que tu voulais reconquérir ou d'un ciel où tu désirais te perdre... J'ai dit doucement, un peu troublée par la force magique de ton regard : « Je l'appellerai comme le grand général romain, Annibal... » Tes yeux se sont alors voilés d'une ombre triste : « Tu n'aimes pas le nom d'Annibal ? » ai-je dit. « Oui, Pimprenelle, je l'aime, mais tu ne sauras jamais écrire en français Annibal. Et tu sais, bien que je ne sois pas superstitieux, le général Annibal est parti loin dans le désert faire la guerre et il n'est jamais revenu... »

Et je t'ai répondu alors, bien imprudente : « Mais vous, vous revenez toujours, mon Tonio, mon bien-aimé »...

5 *Paris, sans date (1946 ?)*

Mon mari, mon Tonio, à présent que tu es parti dans les étoiles, je n'ai plus que des souvenirs à raconter, des traces de toi. « Pourquoi t'inquiètes-tu tellement de vivre ? » me disais-tu. Et je t'avais répondu :

« Parce que c'est toi qui es angoissé de l'existence de chaque jour de notre vie, et une femme doit rassurer l'enfant, tenir une maison de l'intérieur, et mon mari doit se reposer. Et quand je me sens inutile, je m'angoisse beaucoup plus qu'une autre femme parce que je tremble à l'idée que tu es en difficulté dans tes vols de nuit. Quand je te dis "Je t'aime", je ferais mieux de dire "Je pense à toi". Tu deviens mon but, ma raison d'être, si tu t'abîmes, c'est moi qui suis détruite.

— Moi aussi, tu sais, je connais la peur. Je viens de me rappeler une histoire qui m'est arrivée avec Daurat à l'Exposition coloniale. Tu te souviens que l'autre soir, à la foire, je me suis jeté en parachute avec lui. Il n'y avait que quarante mètres pour parachuter. Sache que j'ai eu très peur, parce que je savais que si je manquais ces 40 mètres, j'aurais les os brisés. Daurat m'a avoué que lui aussi avait eu très peur et que s'il avait eu le courage de se jeter dans le vide, c'est parce que moi, de l'autre côté, je l'avais fait. Mais aucun de nous n'était décidé au début à risquer cet amusement de foire... Nous avons vaincu la peur. Quand nous habitions ta maison de Nice, au Mirador[1], j'ai fait un rêve étrange. J'ai rencontré Dieu sur le chemin, et Dieu était présent sous la forme d'une bougie qui s'allumait et s'éteignait. Je lui ai dit : "Je voulais vous rencontrer. Je savais que

1. La propriété de Enrique Gomez Carrillo à Nice dont hérita Consuelo.

vous étiez une lumière, je m'excuse beaucoup, sûrement, je suis un idiot, peut-être suis-je déjà mort ou bien je rêve... Mais j'ai tellement besoin de vous demander de m'aider... Ma femme s'est éloignée de moi parce que je lui ai demandé de redevenir célibataire... Et je suis parti avec mauvaise conscience de la maison. Je vous ai prié tous les jours de me laver de mon péché. Les journées, j'arrivais à oublier, mais sitôt couché, je pensais à mon épouse qui ne savait pas comment vivre toute seule. Quand je m'endormais, je disais toujours : 'Dieu, Dieu', car je ne savais même plus les mots qu'il fallait dire pour obtenir grâce ou rédemption... Imaginez-vous qu'un soir j'ai aussi rêvé de cela : Toute l'odeur de la terre, les fleurs, la vie, le sel de la terre, s'étaient brusquement retirés par un accident climatique et j'ai entendu les cloches retentir qui proclamaient : 'Votre femme est morte.' Et toute la vie, toute la grâce de la vie avaient disparu de la surface de la Terre. J'ai marché jour et nuit et j'ai rencontré enfin un vieillard qui m'a dit : 'Votre femme est revenue, elle n'est pas morte... On dit qu'elle s'est noyée, mais ce n'est pas vrai...' Subitement, la lumière, les fleurs, tout le sel de la terre ont réapparu comme par miracle, comme une joie dans mon cœur, et quand je marchais, ce n'était plus une fatigue, c'était la plus belle course que je faisais vers mon foyer, avec le cœur très pur, disant : 'Je ne sortirai jamais de ma maison, j'aurai tellement peur que les lumières de nouveau ne s'éteignent... Que ma femme ne s'en aille, que le sel de la terre ne disparaisse...'" Tu vois, ma petite fille que la vie et la mort sont dans le même paysage, nous ne voulons pas les mélanger, mais tout se tient. »

Je t'aimais quand tu me parlais ainsi, à voix presque basse, me racontant des histoires de ton enfance. « Je ne suis pas fait pour les discussions, les cénacles, les états-majors, les dîners politiques, les interviews, c'est comme si je perdais mon temps, m'écrivais-tu d'Alger... Les histoires de droite et de gauche m'ennuient. Les politiciens n'ont point de rites, je n'entends chez eux que des cris, de faux serments, et je veux point me prêter à leurs rumeurs. »

Toi tu ne te servais pas des grands mots des théoriciens pour promener ton angoisse d'homme parmi les hommes et pourtant tu aimais ta Terre, ta planète, ta maison, ta femme, puisque tu t'en privais. Tu pouvais dormir puisque tu avais renoncé au sommeil, tu étais beau parce que tu comprenais la beauté d'un clown, parce que tu savais que seul un homme sans masque est capable de répandre autour de lui du bonheur, tu savais que les perles étaient froides et sans valeur, tu aimais jouer avec les enfants pour ne pas te voir vieillir. Un jour, un collectionneur de pierres précieuses très orgueilleux t'avait demandé dans quel pays se trouvaient tes biens, tes châteaux, tes terres. Tu as remonté tes sourcils, tes doigts faisaient tourner les dés d'ivoire avec une habileté prodigieuse qui rendait jaloux le collectionneur. Puis tu lui as dit : « Si vous mourez subitement, croyez-vous que vos perles seront encore à vous ?

— Mais je vous demande où sont vos biens », insistait le collectionneur.

Et tu lui répondis :

« Mes biens ? Mon seul bien, le voilà, c'est ma femme »...

Oh ! Tonio, tu savais enseigner par l'action, sans grandes paroles ni orgueil, en essayant d'aller toujours plus loin que les autres, pour vaincre l'obstacle, l'inconnu, pour rendre le chemin facile à ceux qui ne se risquaient pas. « J'ai peur, me disais-tu, j'ai peur même d'une porte violemment fermée derrière moi, mais j'aimerais tellement sauver l'homme de la peur... » Tombé dans le désert, tu avais découvert la pluie de pierres sur le sable. Ton étonnement fut prodigieux de mettre les pieds là où nul encore n'avait marché. Tu ne savais pas expliquer comment des pierres fines étaient tombées du ciel sur le sable. Désolé de ton ignorance, tu t'es mis à écrire la pluie de pierres. Tu avais découvert ce jour-là que l'homme manquait seulement de ce qu'il ignorait et désormais tu as voulu cultiver l'homme, l'enseigner...

Que je regrette de ne pas avoir le courage de m'embarquer dans un avion pour aller dans votre montagne au sud de l'Atlas faire manger les gazelles dans mes mains. Je suis sûre que j'arriverai un jour jusqu'à votre porte, et je sais bien que je serai récompensée de frapper chez vous.

Je commence ici à mettre un peu d'ordre dans mes affaires. Il se peut qu'alors, avec ma petite valise, je décide de quitter cette Terre pour me rendre dans votre palmeraie [1].

1. De brèves pulsions suicidaires s'emparent, semble-t-il, de Consuelo après la disparition de Saint-Exupéry, et entament les grandes énergies vitales qui l'animent. L'allusion à la palmeraie fait penser aux motifs analogues dans *Le Petit Prince*.

6 *Paris, sans date*

Tu n'es plus là, et pourtant tu es avec moi. C'est toi qui me mets en train tous les matins. Lumière de ma vie. Je reviens des Halles avec une citrouille, des lauriers, de magnifiques tulipes, une carpe et la recette pour la mettre au four. Cette recette vient d'une dame des Halles au nez rouge qui sent depuis plusieurs générations le vin rouge... Elle me hèle : « Oh ! petite mère, voilà ton affaire. Elle est vivante, celle-là, farcie, elle sera encore meilleure. Après l'avoir mise au four, tu l'arroses d'un grand verre de cognac, tu la flambes et ça sera très bon... » J'exécuterai sa recette pour Pierre et Evelyne[1]. Tu vois, ce soir pas de lune ni d'étoiles pour me tenir compagnie, je tâche seulement d'éloigner le désespoir...

Hier, un directeur d'édition est venu me voir pour s'exiler et me demander de l'introduire dans les milieux de mon Amérique du Sud. Il s'en va pour créer une maison d'édition là-bas. Les meilleurs esprits quittent la France qui n'est plus qu'une

1. Il s'agit de Pierre Larivet, ami antiquaire de Consuelo, et d'Evelyne, une petite fille un peu malingre à qui le couple Saint-Exupéry avait conseillé de faire de la danse. Devenue adulte, Evelyne, riche héritière d'une célèbre famille de la haute couture, deviendra une grande danseuse, fondera son propre ballet et se produira dans le monde entier. Ayant perdu sa mère très jeune, elle considérera Consuelo comme sa mère adoptive et restera en étroite relation avec elle jusqu'à sa mort.

vieille mère qui n'aurait plus de lait pour nourrir ses enfants. On s'en va au soleil, en lieu sûr. Cela m'attriste. De Paris on part pour l'Australie ou pour n'importe où, pourvu que ce ne soit pas dans le vieux continent en péril. La fin d'une civilisation et d'un enchantement que tu avais prédit se réalise et moi je crois que je meurs avec. C'est triste d'accepter sa décadence, il y a cependant de la grandeur et de la beauté à se résigner. Mais je préfère cela plutôt que de fuir... On m'appelle dans ce pays de soleil où je suis née, on me presse de retourner y vivre mais je crains de ne plus pouvoir supporter la chaleur. Je crois que je préférerais venir contempler tes dunes de sable, embrasser le soleil de face comme tu sais le faire. J'arrange les tulipes avec des mimosas sur mon piano. J'attends mes amis ce soir, leur musique, un peu de tendresse humaine... Le printemps est bien en retard quand je regarde l'arbre de ma fenêtre, mais aux Halles, j'ai aussi trouvé beaucoup de feuillage et avec des papiers de couleur, j'arrange mon printemps dans ma chambre...

7 *Paris, sans date*

Mon Tonnio, mon amour, c'était bien Einstein qui avait raison. Il a dit le plus bel hommage qu'on ait pu te faire : c'était après un déjeuner à New York. « Je ne ferai pas de discours, mais vous, Pimprenelle, vous êtes l'épouse de l'homme qui sauvera le monde, il est jeune, il est mathématicien, il est d'un pays, il a des racines et vous devez être fière de lui. De plus, il n'a qu'un seul titre, celui de mécanicien, il a travaillé avec les hommes, il les a conseillés et guidés. Je vous assure que vous serez fière de votre mari parce qu'il sera considéré comme un héros. » J'ai eu, oui, toutes les raisons d'être fière. J'étais pour toi la petite princesse, la fleur, parce que tu parlais toujours avec ta conscience et ton cœur, ta rose, et sûrement tu étais le petit prince. Tu me disais : « Vous voyez, ma petite fille, si je meurs, c'est exactement comme je le dis dans *Le Petit Prince* : le corps ce n'est rien. Il nous reste les étoiles où j'habiterai. » Tu voulais retrouver le mystère du monde, la communication avec le cosmos, avec l'univers, tu voulais pouvoir te promener à ta guise dans les planètes. Et si tu as dessiné ta fleur avec des épines, ce n'était pas parce que j'étais méchante ou agressive, c'est parce que tu voulais, disais-tu, représenter par là mon courage espagnol, ma fierté d'Espagnole...

Personne ne pourra vraiment comprendre notre amour. Tu avais beau être entouré d'une légion d'admiratrices, je n'étais pas complètement jalouse parce qu'il y avait une union totale entre nous, une fusion exceptionnelle. Alors, même si tu prétendais avoir besoin de liberté, cela ne me gênait pas. Tu m'avais donné un amour et je t'en avais donné un aussi grand qui dépassait les frontières habituelles. Tu te souviens quand, un jour, tu es arrivé à la maison et que tu m'as dit :

« Ma petite fille, tu m'aimes ? ... »

Je n'ai pu répondre qu'un vague... « Eh bien, oui... », ne sachant pas où tu voulais en venir...

« Alors, viens t'asseoir sur mes genoux...

— Mais qu'est-ce que tu as ?

— Une femme m'a dit les lignes de la main à la NRF. Elle est très belle et elle m'a chatouillé les mains. J'ai envie d'aller la retrouver pour qu'elle me touche partout... Tu me permets cela ? »

Je lui répondis : « Bien sûr... Mais dépêche-toi, que ça se fasse vite, parce que je ne veux pas qu'elle te plaise davantage...

— Ah ! merci, oui, je te le dirai. »

Et tu es parti. Tu es revenu plus tôt que je ne l'espérais et tu m'as dit :

« Tu sais, cette femme est une idiote. Je l'ai emmenée dans un bar pour bavarder un peu avec elle et elle a pris des airs incroyables. Elle s'était versé un flacon de parfum dont l'odeur m'a assommé. Elle levait toujours le petit doigt en l'air et elle montrait ostensiblement tous ses brillants. Alors je lui ai dit : “Bon, Madame, allons à la campagne”, et elle m'a répondu : “Oh ! mais vous savez, Saint-Ex, je vous aime, mais je veux d'abord que vous me fassiez la cour...” »

Je lui ai dit : « Ah ! Madame, vous savez, je n'ai pas le temps, je vous remercie. » Et je suis parti.

Je me réjouissais d'entendre tes paroles, Tonio, mon amour, parce que tu me revenais toujours, d'où que tu puisses être. Tu me disais : « Vois-tu, Pimprenelle, il n'y a que toi, parce que tu es le pain de ma vie, le sel de ma terre et que tu me nourris. » Et tu me disais ces mots d'amour, ces choses secrètes en espagnol. Toi qui étais réfractaire à l'anglais, à toute autre langue que le français, tu avais appris des mots d'espagnol par amour pour moi. Je t'attends toujours, Tonio. Pour alléger ma peine, tu m'écrivais souvent : « Ne crois pas, si on te dit que je suis tombé, que je suis perdu, que j'ai été fait prisonnier. Je reviendrai. Je te demande de ne pas faire comme les autres femmes américaines qui se remarient et qui ont deux époux quand leur mari revient de la guerre. » Je ne crois rien, mon mari, mon amour, peut-être t'es-tu seulement retiré dans un monastère d'une quelconque planète d'où tu me feras bientôt signe comme tu en as l'habitude et que je plierai aussitôt bagage pour te rejoindre.

8 *Paris, sans date*

J'ai un renard chez moi, un bébé renard qui s'y trouve bien, quoique depuis quelques jours il manifeste quelques signes de nervosité. Il a sauté de la cheminée par terre en signe de désespoir quand on a chanté de belles chansons espagnoles. C'est un guitariste sevillano qui de temps en temps après son numéro à la radio vient me faire entendre mes chansons flamenco préférées. C'est rare que je prenne le loisir de bien goûter ma chère musique depuis la guerre. J'ai si peu organisé ma vie depuis que tu es parti... J'ai envie de faire encore quelques sculptures, certaines formes qui m'attirent comme des personnes vivantes et qui me demandent la faveur de prendre vie. En dessinant, j'arrive souvent à leur donner de la présence, et je pense à ces journées heureuses de North House où tu as dessiné auprès de moi tes célèbres illustrations du *Petit Prince.* On travaillait ensemble, d'amour et de bonheur. Tu voulais alors me faire concurrence. Tu avais préparé plusieurs écoles de dessin et tu n'avais jamais réussi à les suivre jusqu'au bout. Par mimétisme, tu voulais des couleurs, et je te guidais, je te donnais des conseils. Mais tu refusais mes couleurs si vives, tu voulais des couleurs tendres, « des couleurs de mon pays », disais-tu.

Il faudrait que je prenne grand soin de tous ces dessins que tu as faits, mais je n'ai plus dans les environs de Paris la propriété où je disposais de plusieurs ateliers et d'une grande bibliothèque pour ranger nos petites œuvres d'art. Je pleure toujours cette belle maison de La Feuilleraie[1], et son parc planté d'arbres venus du Japon et du Mexique, il y avait un mur entier de lilas blancs et violets, un mur très haut qui longeait le potager de style lamartinien sur un kilomètre au moins. Mais tout a disparu à présent, les arbres ont été coupés pour faire des gazogènes pendant la guerre, ta bibliothèque a été pillée complètement aussi bien que nos meubles et nos affaires personnelles. Je n'ai même pas eu le courage d'aller revoir l'endroit ni de demander quoi que ce soit comme dommages de guerre. J'ai renoncé à tout et je préfère, quand je songe à La Feuilleraie, que mes souvenirs se mêlent à ton visage qui n'est plus là. Mais cela aussi me fait pleu-

1. Il s'agit du domaine de La Feuilleraie, en forêt de Sénart, à Varennes-Jarcy. Saint-Exupéry l'avait loué pour Consuelo en 1937 pendant leur orageuse vie de couple. Elle quittera cette propriété en 1940 à la demande de l'écrivain, pour fuir les Allemands et rejoindre en zone libre la ville de Pau. Lire lettre 10 *in* deuxième partie.

rer et je retourne vite à mon travail quotidien, bien que je ne puisse me vanter d'en faire beaucoup... Je me sens comme attachée pieds et mains au passé, j'attends patiemment chaque jour que la lumière se fasse pure et que le jour puisse donner naissance à de nouveaux tableaux et me prévienne de ton retour impossible. Devrais-je m'installer définitivement dans un petit village espagnol où je pourrais, après trente années d'exil, parler enfin ma langue ? Pour me consoler, je relis en ce moment Federico Garcia Lorca qui est intraduisible. Une autre de mes passions du moment est Goya. J'admire ses dessins, surtout ceux au fusain, qui dépassent en intensité tous les autres.

Quand la journée est finie, si j'ai quelques morceaux de bois dans la cheminée, et que je ne me suis pas écorchée un doigt avec mes outils, je fais une flambée, je savoure un peu de paix et je me dis demain sera un autre jour. Souvent j'aimerais que la fin arrive bientôt, mais je l'attends en bonne chrétienne, calmement, les nerfs lâchent souvent parce que je ne sais plus jouer la comédie. Il me reste le crayon quand mes mains ne sont pas paresseuses, et si elles ne le sont pas, j'en profite pour vous écrire. Je vous quitte pour aujourd'hui, mon bien-aimé.

9 *Paris, sans date*

Tu aimais que je te raconte des histoires de mon pays natal, tu disais que j'étais une vraie conteuse, que j'inventais des histoires inouïes qui étaient de la poésie comme tu l'aimais. A huit ans, je savais comme le Petit Prince le nom des étoiles et j'étais savante en géologie, en botanique et en zoologie. Je menais une vie si insouciante, celle-là même que tu me fis mener plus tard. Nous vivions au Salvador comme des oiseaux sur la branche, toujours soumis aux révolutions soudaines qui nous faisaient tantôt riches tantôt pauvres. Mon père qui était colonel fut un jour mis en prison par ceux qui avaient renversé le Président au pouvoir. Ma mère n'eut pas d'autre choix que d'emmener sa ribambelle d'enfants avec ses domestiques dans la rue... Consuelo est devenue alors lectrice d'un riche aveugle ! Grâce au prix de déclamation que j'avais obtenu quelques mois auparavant, j'ai lu presque une année durant les romans et les pièces de théâtre les plus abracadabrants à mon maître et ainsi mes frères et mes sœurs mangèrent tous à leur faim dans un petit hôtel jusqu'à la révolution suivante où le parti de mon père fut alors vainqueur... Et tout recommença. Mais j'avais appris entre-temps que dure ce qu'on garde précieusement en soi, l'amour, la fidélité, le respect. Je fais de même à présent que tu n'es plus là : je suis la gardienne de ton temple, de ta demeure, de ton village, je veille sur ta maison.

Je sais que l'on s'habitue à n'importe quel mode de vie. C'est attristant mais c'est la dure loi de la vie. Je commence à travailler, je dicte un peu mais difficilement, mâchant et remâchant ce qui sera peut-être un livre plus tard. A quoi servira-t-il ? Timidement, je me dis que je dois préparer mes vieux jours si le ciel me permet de vieillir. A Paris, je suis dévorée plus que jamais par l'inquiétude. L'après-guerre est triste et sombre. Tournerons-nous autour de l'abîme jusqu'à tomber ? Résistons, durons...

Je voudrais tant tenir la promesse que je me suis faite de rester calme, de continuer à vivre, d'offrir à mes amis un sourire apaisé. Je pleure souvent de fatigue. Alors je joue avec les fleurs, les feuilles, et je chante. Je veux me rappeler les printemps de mon pays qui sont si différents de ceux d'ici. Après chaque tempête, c'était un nouveau printemps. J'entendais les feuilles qui poussaient dans les arbres, l'odeur de la terre noire montait à la tête des femmes et des enfants et nous chantions le retour des beaux jours. Je m'en souviens comme si c'était hier. Je m'entends pleurer enfant. Mais à Paris, ce ne sont pas les mêmes larmes. Ici, je vis seule, je m'entoure de jeunes, de vieux, de brunes, de blondes, de chiens, d'oiseaux, de livres, de téléphones, de tarots, de sculptures et de peintures, de stylos, de broderies, de bijoux, de cahiers tout blancs qui me font peur car j'aimerais écrire la vie de ces femmes qui ne peuvent plus revenir chez elles, des exilées de la vie. Ah ! que je regrette de ne pas être assise tranquillement à l'ombre de l'Atlas me racontant les beaux paysages de mon enfance. Je serais accroupie au pied d'un palmier auprès d'une de tes chèvres et je regarderais pousser ton jardin et les jours passeraient semblables les uns aux autres, lentement ils s'égrèneraient comme les *ave* d'un chapelet de monastère[1]...

Je m'afflige pour les grands marronniers roses de l'avenue Henri-Martin qui se meurent. On ne les soigne pas. L'amour des arbres, l'amour de la beauté s'en va. Tout le monde se fout que les arbres roses des rues se meurent.

Je me repose en te parlant. Je vis des nuits sombres, tentant de partager avec toi le poids de mes heures en cette année sainte où tous les diables pourtant nous possèdent sans même nous dire à l'oreille leur nom... J'ai tant besoin de paix, cette paix aujourd'hui encore menacée. J'ai besoin de vraie paix. Décider un jour : plus de grandes souffrances, rien que des joies fraîches. Je me donne à ma sculpture, cela au moins console. Mon salon est plein de têtes de toi... Les petites feuilles naissantes du grand arbre de mon jardin se donnent de petits baisers. J'ai composé un morceau de musique au piano. Je l'ai intitulé « *Figuig* ». Je le dédie au Sahara, à toi. Je meurs si lentement sans toi que je me demande pourquoi je n'aide point un petit coup... Mais je n'ai pas mes ailes de rechange encore prêtes... C'est en rêve que je rentre dans mon bureau par la fenêtre en volant, que je surveille l'état de la toiture où se trouve notre chambre, que je me promène main dans la main avec toi, cherchant Dieu. Peut-être le commencement de ma sagesse est-il de rester simplement tranquille, jusqu'au moment de ma tombe. Je ne sais pas comment alors je me déplacerai avec tous mes

1. Consuelo aime rêver à voix haute et imaginer des situations qui deviennent soudain réelles à ses yeux...

jupons jusqu'au jardin que tu m'as préparé. Pourtant je tiens à venir, tu sais, et tu ne t'étonneras sûrement point de mon arrivée, même si j'arrive sous la forme d'une cascade d'eau douce, ce qui étonnerait les Arabes, mais toi, tu sauras que c'est la tendresse de Consuelo, pour toi et pour les onze palmiers de notre jardin, qui se manifeste ainsi...

J'essaie pour l'instant de te suivre en pensée dans tes allées et venues de ta maison à notre jardin... Mais je te perds souvent comme une petite fille perdrait de vue l'envol d'un papillon ou d'un pétale. La vie est toujours plus présente que toutes les imaginations. Je n'ai pas encore trouvé la force de repartir pour le Midi et y installer un lit dans ma nouvelle demeure [1]. Je suis fatiguée de vivre, Tonio, le cœur me pèse, les idées aussi et mon corps beaucoup plus. S'éveiller à l'appel de la terre : ma douleur des os, ma toux, mes tristesses, tout cela n'est que matines de ma dernière heure et je n'ai pas encore acheté mon cercueil. Ah ! que nous tenons à la dernière minute ! On ne prépare jamais assez ses dernières quatre bougies et son drap blanc pour y être enveloppé convenablement. Si le ciel me faisait cadeau de m'emporter avant de voir à nouveau une autre guerre qui nous menace, je mettrais un bouquet de baisers au pied de l'autel pour le remercier de te rejoindre.

1. Il s'agit du mas de Grasse que Consuelo a acheté avec les droits d'auteur d'*Oppède*.

10 *Paris, sans date*

Je t'envoie ce que j'appelle mes « duvets », de toutes petites pensées que j'ai écrites en pensant à toi, elles sont si légères, si simplettes qu'elles s'envolent comme des plumes au gré du vent, mais elles me font te rejoindre.

— Où vais-je ? On verra. L'important, c'est le chemin du trésor. Sans travail, sans labeur ni souffrance, pas de vrai repos, pas de vrai bonheur.

— Et pourquoi, me dirais-tu, tortue, veux-tu voler en état de grâce vers les nuages sans orage ni souffrance ?

— Cette vie, si elle n'a pas son calendrier, son jardinier et ses quatre points cardinaux, elle n'existe point. Et pourtant tu as été tout cela à la fois.

— Un jour nous serons punis du gaspillage de lumières, du gaspillage d'étoiles, du gaspillage de couleurs et d'harmonies que nous ne savons pas garder au plus profond de nous.

— J'ai moins peur de souffrir en appuyant ma tête sur l'épaule de Dieu.

— Aujourd'hui je me découvre plus déshabillée du partage du passé, du partage que nous nous sommes accordé. Après toi, les heures se creusent en tombe.

— C'est le temps perdu par nos colères et nos lamentations, la seule chose perdue. Il aurait fallu sauver ce temps, réaliser à la place n'importe quoi, une table, une lettre, un chant d'amour...

— L'adidi est un tout petit oiseau qui vient du ciel pour tenir compagnie aux femmes cloîtrées des harems... J'ai été pour toi ton adidi.

11 *Paris, sans date*

Je me souviens d'un jour de joie où j'ai vu *Vol de nuit* dans toutes les vitrines des Champs-Elysées. C'était pendant une de nos semaines de vacances. Nous en avions trois par an. Quelle joie de me promener avec toi en faisant toujours des petits pas en courant parce que je mettais de hauts talons pour arriver au moins à ton épaule et toi qui faisais de grandes enjambées pour lesquelles je devais faire quatre pas ! J'étais comme une sauterelle et cela t'amusait. Tu m'as dit : « Ecoute, laisse-moi avancer et après tu courras vers moi. » Je le faisais et les gens nous croyaient un peu fous.

On disait : « Les Saint-Exupéry ne sont pas comme les autres. Quand on les invite, il faut savoir que Saint-Ex n'a pas mangé pendant trois jours parce que soit il écrit tout le temps soit il est dans l'avion. De toute manière, il ne mange pas, il passe des heures dans ses vols de nuit s'il ne se perd pas en route pendant toute une semaine ! Alors, quand il fait un repas, il se met à table à midi et à minuit il y est toujours. Il lui faut un lapin, une volaille, un gros morceau de viande... »

Te rappelles-tu ta tante du faubourg Saint-Honoré qui te dit un jour : « Tu as présenté ta femme à tout le monde et tu n'es pas venu chez moi. Je ferai en ton honneur un vrai banquet. Quand viens-tu ? » Tu me dis alors : « Bon, tu vas voir la tante X... » (Je ne me souviens plus du nom, disons la tante Yvette par exemple ou la tante Simone, elle avait un nom très aristocratique, très français.) On est entré par l'escalier de service, tu as dit à la cuisinière une fois que tu as senti l'odeur qui s'échappait des trois ou quatre casseroles qui étaient sur le feu :

« Nous allons goûter un peu de ces mets, ma femme et moi, ici à la cuisine. » La tante X. était au salon en train d'accueillir nos amis. Elle avait invité des pilotes, Mermoz, Guillaumet. Il y avait Maria Marquès qui à cette époque avait un petit flirt avec un des pilotes. Et pendant ce temps, tu dévorais le repas à la cuisine. Il ne restait plus que les desserts, j'étais affolée, et tu as dit : « Ne bouge pas. » Une fois que tu as été rassasié, tu as encore ajouté : « Je voudrais du gros pinard que vous buvez, vous, les domestiques. » Et tu as bu le gros rouge. Les domestiques étaient foudroyés. Tu avais fermé à clé le passage qui menait de la cuisine au corridor puis au salon et une fois que tu as tout dévoré, tu vis enfin ta tante qui te dit innocemment : « Tu arrives toujours en retard. Tu m'avais promis pourtant que tu serais cette fois à l'heure. » Tu as dit : « Vous savez, ma tante, j'ai déjà dîné. » « Mais comment ça ? »

« Je suis entré par l'entrée de service, ça sentait si bon en passant que je n'ai pu résister et j'ai tout dévoré. » « Mais ce n'est pas possible, Antoine, d'écouter des blagues semblables. Ne raconte pas de bêtises. » « Mais non, ma tante, sonnez un de vos domestiques et il vous racontera. »

Ta tante appela le maître d'hôtel et elle lui dit : « Est-ce que Monsieur de Saint-Exupéry a déjeuné dans la cuisine ? » « Oui, Madame, il a mangé le lapin entier, il a mangé tout le pâté, toutes les huîtres, il a même mangé le fromage, il en reste un tout petit peu. » La tante était pâle en pensant à ces quinze invités en train de prendre bien tranquillement leur porto ou leur whisky, et toi, tu dis alors : « Ecoutez, ma tante, ne vous affolez pas. J'ai pensé à tout. J'ai déjà commandé, on vous apporte de chez Fauchon un bon pâté de foie gras, du caviar, il y a des poulets, mais ce seront des poulets froids, il y aura plusieurs sortes d'entrées, il y aura aussi une bourriche d'huîtres et des langoustes cuites. »

Alors on a entendu juste à ce moment-là une longue sonnette et tu as dit : « Voilà les livreurs que j'ai commandés d'urgence ! » Il y avait bien en bas une camionnette et le repas que l'on apportait. Ta tante n'en revenait pas que tu puisses digérer tant de nourriture quand tu t'es mis à attaquer les langoustes. « Mais tu vas te rendre malade, Antoine. » « Mais non, ma tante, vous savez demain je ne mangerai pas, voilà tout, ma femme sait bien cela. Je prendrai du thé, et comme je m'en vais dans deux jours à Alicante puis à Casablanca, j'ai le temps de digérer ! » A ce moment-là, Maria Marquès s'est levée et t'a dit : « Vous ne partirez pas sans m'avoir fait un enfant ! » C'était la fin du repas et moi je voyais cette femme tellement grande, tellement belle et jeune que je n'osais rien dire. Elle a ajouté : « Vous voyez, vous êtes de la même taille que moi, nous ferons un très bel enfant. Consuelo, vous ne serez pas jalouse, n'est-ce pas, je vous le prends pour seulement quelques jours, mais je veux absolument un enfant de lui. » Tu as dit alors : « Vous savez, Mermoz vous le fera aussi bien que moi. Et il a un peu plus de temps que moi parce que lui il fait des raids et moi je suis un petit pilote de ligne. Je suis un pionnier. Vous savez ce que c'est qu'un pionnier ? C'est un pilote qui choisit tout seul là où il doit se poser. Je jette des fusées par terre, je vois si on atterrit bien, quelquefois je me trompe mais je recommence, je mange avec les hommes du pays, on fait le terrain ensemble et après on commence à atterrir et c'est ainsi qu'on fait un terrain d'aviation. Sur le tas. » Ta tante n'en revenait pas. « Vraiment, mon neveu, vous êtes devenu un ogre. »

Tu n'avais aucun sens de l'argent. Tu n'as jamais su ce que c'était. Tu n'as jamais connu la valeur de l'argent. Tu avais l'habitude de payer à manger à tout le monde, que ce soit chez Lipp ou aux Deux Magots, tout était toujours réglé par Antoine de Saint-Exupéry. Disons, mon amour, que moi j'ai aidé un petit peu, j'étais riche, je vous l'avais un peu caché, mais je pouvais faire face à toutes ces ardoises que vous laissiez au Fouquet's ou ailleurs. Ma mère avait reconstitué une petite fortune et elle m'envoyait régulièrement 3 000 dollars par mois par le consulat du Salvador et je te cachais la somme. Je te disais seulement 1 000 parce que tu avais le cœur si généreux, tu voyais dans chaque ami un membre de ta famille et tu payais pour tout le monde. Tu ne savais ni quand ni comment j'avais cet argent, tu ne me posais pas de questions mais tu savais que tu étais toujours couvert. Moi, je payais tes dettes parce que je t'aimais.

A cause de tes larmes que j'ai vues couler sur ton visage dans l'avion de Buenos Aires, pour notre première rencontre. Je ne voulais pas t'embrasser comme tu me l'ordonnais et tu as dit : « Je sais pourquoi vous ne m'embrassez pas, c'est parce que je suis trop laid. » Et cela te rappelait ta tante qui était un jour invitée chez toi, à Saint-Maurice-de-Rémens, et qui disait à ta mère en se moquant : « Oh ! mon Dieu ! qu'il est laid, Antoine, qu'il est laid ! »

Et cela t'avait tellement marqué que tu en parlais toujours. Tu arborais ce jour-là avec enthousiasme une cravate vert et jaune que t'avait offerte tante Tricot mais les femmes généralement ne savent pas choisir une cravate pour les hommes.

Tu me parlais aussi de ta mère qui avait tant souffert d'avoir perdu son mari aussi jeune, et qui avait dû élever ses cinq enfants toute seule. « Mon père, me disais-tu, ne lui avait pas laissé une grande fortune, et c'est tante Tricot qui l'a abritée dans le château de Saint-Maurice à côté de Lyon et nous avons tous grandi là à côté de notre petite sœur, Madeleine, qui était malade mais qui avait un sens de la poésie tellement extraordinaire qu'aidée par ma mère elle écrivit un livre de poèmes sur les oiseaux, sur le vent, sur les arbres, car le parc était vraiment une partie de notre enfance. C'est là que j'écrivis une petite pièce de théâtre, j'avais dans ma chambre un grand coffre, j'y enfermais mes "soleils éteints". » Je ne sais plus si tu disais « soleils éteints » ou « soleils morts », mais « soleils éteints » plutôt, oui, j'en suis sûre. Cela est très clair dans ma mémoire.

C'étaient des temps heureux quand tu me racontais tout ça. Il y avait bien nos querelles, mais tout est oublié maintenant, mon bien-aimé. C'est pourquoi quand je lis et je relis cette lettre que vous avez écrite pour moi et que vous m'avez fait transmettre par Thérèse Bonnet, juste avant votre départ, je l'embrasse, parce que c'est encore un peu de vous.

Vous me demandiez pardon autrefois en me disant que c'était votre faute, toutes nos querelles, que c'était à cause du groupe de Madame E. et de la NRF qui pensaient que je n'étais pas digne d'être votre compagne, car j'étais seulement à leurs yeux une femme à faire des scènes et non pas une épouse digne d'aider votre création et de la servir. Vous me disiez que vous trouviez cette excuse facile quand vous vouliez vous éclipser pour travailler : « Ma femme me fera une scène qui pourrait durer jusqu'à l'aube, laissez-moi rentrer. » « Et vous saviez bien, Consuelo, me disiez-vous, que je ne rentrais pas chez vous, j'allais dans n'importe quel bistrot, souvent dans ceux qui étaient les plus bruyants, les plus animés, ma distraction favorite était de me perdre dans ces bruits, et je jouais avec des machines à sous pour attraper quelques petites bricoles et je me disais : "Ça fera plaisir à ma femme", je passais ainsi des heures entières. Après, je marchais longtemps et puis j'allais voir Pierre et Paul et enfin, tout pâle, j'arrivais jusqu'à vous qui m'attendiez, souvent, à midi, le lendemain... Vous ne disiez rien, vous aussi étiez pâle, notre chien était triste et la vie recommençait, mais c'était l'attente de la guerre, pardonnez-moi, l'angoisse de la mobilisation. Je ne voyais pas clair en moi, et sûrement ma chérie ce n'était pas vous qui pouviez m'éclairer ni encore moins tous ces ministres. Je vous remercie pourtant de votre discernement, vous me disiez dans vos lettres de ne pas me trouver mêlé au gouvernement de Vichy, de ne pas accepter d'être ministre. Vous m'aviez même dit : "Si vous êtes ministre, je pars tout de suite pour le Salvador." »

C'est moi qui vous remercie aujourd'hui, mon chéri, de m'avoir écoutée, d'avoir écouté aussi notre ami Serge Victor, qui nous a mis sur la bonne voie. Souvenez-vous combien il a été gentil pendant l'exode, à Pau. A Pau, mon Dieu... quand j'y pense... Vous êtes venu, juste avant, au château de La Feuilleraie où je m'étais fait un abri pour toute la durée de la guerre. Vous m'aviez aidée à remplir les caves de tonnes de riz, de haricots, de blé, vous avez fait l'impossible pour me trouver du charbon, vous avez même fait des reportages gratuitement pour le journal *L'Intransigeant,* uniquement pour que l'on m'installe en échange le chauffage central dans notre grande chambre. Ah ! mon chéri, je me souviens de tout cela et comment j'ai dû partir, un jour que vous êtes arrivé comme le vent, à bicyclette, en me disant : « Consuelo, c'est terminé, les Allemands sont aux portes de Paris, nous avons à peine vingt-quatre heures pour nous enfuir. Je ne veux pas que vous soyez otage parce que l'on fera pression sur moi et je suis capable de tout pour vous. Faites vos bagages, partez de suite, vous irez à Pau où les Allemands transportent de l'or. Ils font la guerre, mais jamais ils ne détruisent l'or. L'or, c'est le sang qui coule dans leurs veines, celui qui nourrit la guerre. Et ils transportent l'or de toute la France, des banques de France dans des camions. » Moi, tandis que vous parliez, je m'occupais à empiler mes manteaux, mes jolies lingeries, j'avais trois valises et je suis descendue en courant jusqu'au garage et vous étiez là, avec vos belles mains sur la taille, vous n'avez pas bougé et vous avez ri : « Mais mon pauvre petit, ma plume d'or, ma Pimprenelle, vous n'y songez pas. » Et vous avez ouvert de vos poings solides mes trois valises et jeté à terre mes manteaux d'hermine, mes petits-gris, mes visons, mon linge fin, mes bracelets d'or et vous m'avez dit : « Voilà ce que je mettrais à la place », et vous avez exhibé des petits coupons d'essence. Et puis vous m'avez dit encore : « Ne vous effrayez de rien, allez jusqu'à Pau, parce que là vous recevrez une lettre de moi, même si ce devait être la seule lettre qui arrive à Pau, vous la recevriez, car moi, vous le savez, je pars pour Alger via Bordeaux. Et d'Alger, je ferai partir un avion avec votre lettre pour qu'elle arrive à Pau. Soyez tous les jours constante à la porte de la Poste centrale de Pau. Sûrement il y aura beaucoup de femmes comme vous qui attendront, beaucoup de fiancées, beaucoup de futures veuves qui attendront une lettre, mais vous, je vous le promets, vous aurez votre lettre. » Et c'était vrai, Tonio. Oui, je l'ai reçue, ma lettre. Il y avait quelques lignes, quelques lignes que j'ai apprises par cœur et que je n'aime pas répéter à tout bout de champ. C'est comme une prière secrète qui est là, au fond de ma tombe, à présent.

J'espère te revoir, oui, mon amour.

12 *Paris, sans date*

Oh ! toi, mon archange, toi qui appartiens au vent, au ciel et aux étoiles, il fallut que Carrillo meure pour que je te rencontre. Il était mon père, mon maître, il était tout le monde. Je n'avais jamais rencontré un homme aussi clair, aussi généreux, si près de moi. Il m'avait adoptée dès qu'il m'avait vue. Il faisait tout gratuitement pour moi. Il ne voulait pas même de mon corps. C'était mon amie Sélisette, la femme de Maeterlinck, qui m'a poussée à m'offrir à lui.

Après sa terrible attaque cérébrale, je me suis allongée près de lui, et je me suis glissée sous les couvertures. Son corps commençait à être froid. Je ne pouvais pas dormir. Je me suis levée dans la nuit doucement et j'ai dit au docteur Lima qui était dans le salon que ça n'allait pas. Le docteur est entré et il m'a dit : « Il est mort. » Avec mes larmes et mes mains, je lui ai fermé ses beaux cils, ses belles paupières. Je me suis recouchée près de lui. Cela me reposait. Je repensais à ce qu'il m'avait dit avant de mourir : « Consuelo chérie, un jour nous rirons de tout cela. J'ai des cheveux blancs, et mon cœur est très fatigué. Je vis pour toi. Je voudrais faire un grand voyage au Maroc avec toi. J'ai déjà les billets et ça te plaira parce que d'abord il fait chaud là-bas. Pour moi, ce sera trop chaud, mais toi tu seras enchantée. Il y a des fruits très mûrs, on écoutera des chansons dans les tribus de l'Atlas qui ressemblent aux chansons espagnoles. » Ce sont les Maeterlinck qui m'ont adoptée après la mort de mon cher Enrique. « Je la sens toute seule, a dit Sélisette, elle doit maintenant grandir. » J'ai lu jusqu'au vertige les grands articles qui sont parus après sa mort et qui parlaient si élogieusement de lui, de son ex-compagne, Raquel Meller[1], de l'enchantement qu'elle provoquait en scène, de sa voix d'or, mais aussi de son impossible caractère alors qu'Enrique aimait tant les bonnes manières et Raquel était bien loin d'en avoir. Elle avait été élevée avec des Catalans, en pleine liberté, c'était une petite sauvageonne. Et puis on parlait aussi dans ces articles de moi, de sa nouvelle épouse qui avait l'air d'être la fille de Raquel Meller. Un jour est arrivé un consul argentin qui me dit : « Ecoutez, Madame Carrillo, il faudrait que vous vous décidiez à accepter l'invitation de vous rendre en Argentine. » Je n'avais ouvert aucun courrier depuis des semaines. « Venez faire, me dit-il, des conférences sur Gomez Carrillo, sur vos amis D'Annunzio[2], Maeterlinck, sur tous les poètes contemporains que vous connaissez, on vous recevra comme une petite reine car le roi d'Argentine adore l'œuvre d'Enrique Gomez

1. Raquel Meller, de son vrai nom Francisca Marquès Lopez (1888-1962), célèbre chanteuse et meneuse de revues, elle interprétera la Violettera. Elle sera mariée à Gomez Carrillo de 1919 à 1920.

2. Certains prétendront à tort que Consuelo fut la maîtresse de Gabriele D'Annunzio.

Carrillo et pas seulement lui, c'est toute l'Amérique du Sud qui l'aime. » Je décidai de partir dès le lendemain, j'ai téléphoné à mon ami consul, qui me dit : « Tous les papiers sont prêts, vous partirez avec des professeurs, Benjamin Crémieux et d'autres. Il y aura une femme aussi, Mme Meunier. Vous aurez ainsi une amie sur le bateau et vous ne vous sentirez pas toute seule parmi ces professeurs. Ils sont tous très âgés. Vous verrez, Crémieux est un homme très doux et très sympathique. » Dès que je fus sur le bateau, effectivement Crémieux me prit sous sa protection, et surtout grâce à son savoir-faire, sa sensibilité, sa culture, sa connaissance de la vie, on pouvait parler avec lui tout aussi bien de la mort que des anges, des couleurs que des bateaux. Immédiatement, il savait donner de l'intérêt aux choses. Il y avait la vie qui coulait à flots comme une cascade, comme les chutes du Niagara. J'étais passionnée de son amitié. Et je ne me sentais plus seule. Je lui disais : « Vous savez, Crémieux, je ne suis pas une femme infidèle à la mémoire de mon mari, mais vous m'enchantez. » Il était comme vous, il savait parler sur n'importe quel sujet, de l'arc-en-ciel et des pigeons à qui l'on donnait à manger sur le rebord de notre fenêtre. Tout était source de lendemain, d'existence, c'était vraiment la vie, et avec vous c'est la même chose...

Nous arrivâmes à Buenos Aires, je parlais avec ces messieurs, je m'instruisais chaque jour sur les différents pays que nous allions traverser, sur les problèmes qui secouaient la France et l'Europe. Je m'amusais à ressusciter toute mon histoire depuis la conquête de l'Amérique centrale écrite par mon beau-père Don Agustino Gomez Carrillo d'Albonnoz et on me disait : « Mais vous devez être vraiment la fille d'un Inca. » En route pour Buenos Aires, on me reçut à la Casa Bianca qui était la maison où l'on logeait les hôtes officiels du gouvernement. On me donna un appartement somptueux, le ministre de l'Intérieur vint personnellement me rencontrer, des photographies de moi parurent dans tous les journaux, je reçus des bouquets de roses merveilleux qui étaient presque plus grands que moi et je me souvenais des conseils de Carrillo : « Si un jour je disparais, je ne veux pas que tu t'habilles de noir. Habille-toi en blanc, en gris, en beige, mais je ne veux pas de noir pour toi. Cela m'attriste. » Alors j'avais pris des robes violettes, beiges, et je me souviens que j'avais emporté un manteau de petit-gris pour le froid car nous arrivions dans une saison qui n'était pas très chaude. J'avais emporté un tas de malles. J'avais une femme de chambre personnelle, un chauffeur, et je ne savais plus quoi faire vraiment de toutes les attentions qu'on me prodiguait. Et c'est comme ça que je t'ai rencontré, mon Tonio, mon bien-aimé. Crémieux m'invita à l'Alliance française où l'on donnait un cocktail en son honneur, je m'y rendis, bien décidée à n'y rester que très peu de temps. Au moment de partir, tu arrivas et tu ne m'as plus quittée[1]. Aujourd'hui encore alors que vous êtes porté disparu, je ne suis pas tout à fait seule. Je ne crois pas que vous soyez parti. Je sens votre présence, je sens votre regard posé sur moi. Et je me souviens de ce que tu me disais : « Raconte-

1. Cet épisode a été largement raconté par Consuelo dans les *Mémoires de la rose.*

moi des histoires. » Je te les raconte, mon Tonio, mes histoires. Tu les connais par cœur, mais je sais que tu aimes toujours les entendre.

13 *D'Italie 1952-1954 ?*

J'ai pu couper un moment le cordon qui me reliait à mes soucis français et me voilà cheveux au vent, un verre à la main, buvant l'eau miraculeuse dans la foule de Montecatini. J'ai peur comme à Lourdes de tous ces hommes de toutes nations sortant à la queue leu leu des hôtels pleins à craquer. Une foule de prêtres, de nonnes, de vieilles et de pucelles qui font les cent pas en attendant l'effet du verre d'eau, pour après courir aux toilettes... Mais l'Italie me ravit toujours autant. Les Italiens chantent, dansent presque en labourant, en baignant leurs bêtes, en tuant les mouches, en transpirant. Les prix ici sont trois fois moins chers qu'en France. C'est malheureux d'avoir attrapé le virus de la France, car j'aurais aimé m'installer en Italie... Je tâche ici de m'embellir par l'intérieur.

Que dirais-tu si je me mettais à écrire de petits romans simples, vrais... La vérité fait circuler le sang. Mais je ne commencerai pas ici. Les bains de boue sentent trop mauvais, les maisons sont trop modernes, j'aime les vieilles pierres à en avoir peur, par atavisme espagnol !

Je viens de terminer *Mont-Cinère* de Julien Green. Ça tourne autour de l'amour maladif des maisons.

C'est bien écrit quoique un peu confus à mon goût. J'aime découvrir les routes, toutes, la mienne, celle de mon cœur qui mène à toi, au seigneur des étoiles. Je vieillis et les nuages arrivent. Et mon ciel devient peu à peu tout noir. Le matin pourtant je suis toujours prête au baiser de lumière, comme un bon fruit à point, tout mûr pour le filtre ou le compotier du monde. J'ai foi dans l'aube.

A ma fenêtre un rosier en pot fait briller sa joie toute rouge. Les collines de Montecatini sont lavées de leur nuit, les volets verts des petites maisons sont encore fermés, moi seule compte les arbres jusqu'à la montagne bleue, au loin. Il y a quinze ans, j'étais à Florence heureuse, j'y retourne aujourd'hui pour une conférence. Tu as raison, la vie est curieuse à vivre, elle nous tient par les cheveux. Mais vivre pour vivre est magnifique.

14 *Paris, sans date*

Depuis que tu es parti, j'ai tout perdu. Mes bijoux, le château de La Feuilleraie, je suis toute seule, mes amis ont disparu sauf ceux qui ont sauvé leurs châteaux et toute leur fortune pendant que moi j'étais résistante depuis le début étant dans ce groupe d'avant-garde à Oppède. Tu peux être fier de moi, Derain, Picasso m'ont aidée et m'ont dit : « On te soutiendra mais oublie le dessin. Peins les couleurs comme cela te vient. » Et je m'en suis donné à cœur joie grâce à leurs conseils. J'ai eu de très bons résultats, tu sais, j'ai fait des expositions en Amérique centrale, et j'ai tout vendu aux Etats-Unis. C'étaient des rêves que je peignais, il y avait certes un peu de réalisme mais la facilité avec laquelle je faisais ces tableaux m'a fait ralentir un petit peu ma production et je me suis consacrée à la sculpture. J'ai exécuté ton portrait et cela m'a permis de te revoir tel que tu étais : presque deux mètres avec les talons, et tes épaules énormes et ta tête toujours penchée en avant, quand tu marchais de long en large sur le terrain d'aviation. Je disais que tu avais des poumons d'acier pour monter jusqu'à 7 000 mètres sans avoir besoin de masque à oxygène pour respirer. C'était terrible, moi, je mettais mon petit masque et toi tu te contentais de respirer profondément... Tu n'avais pas besoin de manteau, tu n'en as jamais eu quand je t'ai connu, c'est moi, tu te souviens, qui t'avais obligé à porter des gabardines à cause de la pluie parce que je ne voulais pas que l'humidité te provoque des grippes. Aussi tu n'en avais jamais, tu te mouchais un peu et je te disais : « Ecoute, si tu portes une gabardine, si tu ne gardes pas ta jaquette humide sur toi pendant une heure ou deux, pour la faire sécher, tu ne risques rien. » Tu étais une force de la nature : tout ton corps de cent vingt kilos était en muscles. Je t'aimais comme tu étais, trop gros quelquefois, trop rouge, avec ton œil que tu avais quasiment perdu en allant chercher un camarade dans le désert. J'ai déjeuné aujourd'hui avec ta mère. Je l'aime bien mais à propos de l'ouvrage du docteur Pellissier, *Les Cinq Visages de Saint-Exupéry*[1], elle m'a fait de la

1. Pélissier, Georges, *Les Cinq Visages de Saint-Exupéry*, Paris Flammarion, 1951.

peine. Alors que je lui disais : « Pellissier parle de lui comme d'un être humain et de "son grand amour de chrétien et de mari", elle a répondu :

— Ce n'était pas nécessaire.

— Croyez-vous, lui ai-je répondu, que votre fils serait content de savoir que dans les quatre derniers livres que l'on a publiés à son sujet, on ait effacé ou caché qu'il était marié, qu'il m'a aimée, qu'il a vaincu toutes les tentations et qu'il a même écrit une prière pour mon "veuvage" ? Vous l'aimez trop, vous et ses sœurs. »

Elle s'est tue à ce moment-là[1].

Je suis exténuée de penser, de désirer, de prier, d'exister même. Je n'ai plus de secrétaire à qui dicter, et ma pensée va trop vite pour écrire.

Le mois commence à peine, et je le vois défiler dans le sablier. Il se vide de quoi ? De mes illusions, de mes biens, de mes amis, de notre paysage familier. Je n'ai pas de racines, je suis légère, légère, beaucoup plus, hélas, que mes rêves. Je vais rôder dans la cuisine, mordre un citron, boire une coupe, embrasser le Petit Prince, bâiller un bon coup et me recoucher pour vider mon cœur, sablier errant. L'aube viendra et ce sera la joie de la mer. Les anges m'aident à dessiner, j'aime les couleurs que je connais, à ma façon. Je voudrais boire de la lumière alors que ma pyramide de couleurs que j'ai peinte hier devient déjà trou béant.

Je suis allée voir Modigliani avec ta mère. Elle a soupiré devant ses toiles : « Tant de millions pour une toile et dire qu'il est mort de faim... »

1. Consuelo fait souvent allusion à cette occultation dont elle fut victime dès la mort de Saint-Exupéry. Celle-ci s'accrut pendant l'édification du mythe jusqu'à son exclusion quasi définitive.

J'ai tant envie de peindre. Avec ma seule plume de poussin mal nourri, mal lavé, je mettrai de la couleur sur mes ronds et mes spirales à en percer la rétine des crétins qui regarderont mes toiles. Ah ! je mangerais bien une pleine assiette de vie bleue, je voudrais me gonfler de tout l'air du ciel, il me le faut cet air-là : si je le garde pendant les deux mois de préparation de mon exposition, cela me suffira pour faire trente tableaux. Pour cela, je dois manger des gâteaux et me raconter que je ne suis pas trop vieille... Je meurs et je ressuscite chaque jour dans chaque tableau. Je travaille pour montrer ce que je ne comprends plus moi-même, ce que j'exprime si mal mais que je sais. Mon secret en somme. Mon cher ami, Maeterlinck, qui adorait mon mari Carrillo comme toi-même, disait : « La vie est un secret, la mort est la clé, celui qui tourne la clé disparaît dans le secret. »

Toute cette année, je me suis réfugiée chez sa dernière femme, Sélisette, dans son palais d'Orlamonde, à Nice[1] et je me suis perdue dans mes souvenirs. J'ai presque tourné moi aussi la clé. J'ai eu comme une vision que j'ai peinte et que j'exposerai bientôt.

Ne crois pas que je devienne orgueilleuse parce que je parle avec des mots de Maeterlinck. Mais je déborde de difficultés, d'incompréhensions des gens, des choses autour de moi. Ta famille ne m'aide pas, au contraire. Et toute seule, alourdie de soixante-dix toiles, de trois statues, je m'en vais exposer à Bruxelles... pour rien sans doute, pour

1. La somptueuse demeure des Maeterlinck, aujourd'hui reconvertie en palace.

me fatiguer encore plus. Mais il faut bien tailler mes branches pour que je puisse refleurir un jour. Le plus important, vois-tu, est cependant ma paire de lunettes que je ne trouve plus ce matin !

Ciao, Tonio !

15 *Londres, sans date*

J'ai quitté Paris, quelle joie, je l'aime tant que cela me fait du bien de la fuir !

Première journée à Londres, très paisible. Un thé avec une lady et un joli jeune homme. Que je vous brosse le petit tableau : les deux, très mondains, mais je n'aime pas trop cela... la dame, belle, âgée, mais quel bel accoutrement : chapeau gris, parapluie noir qui allonge encore les jambes, sac, gants, manteau d'un vert jaune qu'on ne trouve qu'en Angleterre et les yeux de la lady de la même couleur !

Moi, très voyage, en beige clair, chapeau de paille, pas de parapluie, mais en gabardine et un très bon capuchon, et je me sens à l'aise bien cachée dans l'ampleur du manteau de voyage. Le jeune homme, millionnaire américain, heureux d'offrir le thé à deux dames... Le tout pitoyable : deux femmes quadragénaires[1] avec un jeune homme de vingt ans... Le jeune homme appartient à la lady ! Je prie le ciel de me faire mourir avant

1. Consuelo a environ cinquante ans à cette époque.

d'avoir des enfants aussi jeunes comme chevaliers servants, mais je ne crains rien, car pour moi, c'est passé, cette maladie !

J'irai dîner ce soir dans la bonne société londonienne. Je glisserai une belle robe très infante d'Espagne, avec manches longues, col fermé très grand-mère, mais je m'aime ainsi...

En commençant cette lettre, je voulais que vous entendiez le son de ma voix... Je n'appartiens plus, malgré mes masques, à cette civilisation. Je veux le silence des sables et du ciel afin de mériter l'éternité...

16 *1954*

Te souviens-tu, mon bien-aimé, quand tu me disais il y a longtemps de cela : « Je n'ai qu'une petite valise, j'y ai mis mes notes sur le vol de nuit, puisque vous m'avez dit qu'il fallait que j'écrive un récit sur le vol de nuit. J'ai continué comme vous me l'avez dit. C'est vous, Consuelo, la petite clé qui me remontez. Je vais vous lire mes pages. » Alors vous avez commencé à lire. Moi j'ai rêvé de ce livre qui devait sortir de l'esprit de ce grand garçon qui voulait devenir mon époux. Et de ce voyage à Agay que vous vouliez m'imposer, je vous ai dit : « Ecoutez, Antoine, il ne faut pas faire les choses avec tant de précipitation. Moi, j'ai une maison à Nice, la maison de Gomez Carrillo. Vous m'y conduirez et vous irez d'abord à Agay. Vous raconterez ce que vous voudrez à votre famille. Et moi, je veux que ce soit votre mère qui vienne me rencontrer au Mirador. » Les choses se sont faites ainsi. Vous connaissiez alors mes soucis : j'avais perdu mon petit chien, on ne voulait pas me rendre ma voiture et le marquis de... voulait absolument m'épouser. « Il est sûrement amoureux de vous, m'avez-vous dit, parce qu'il pense ainsi être le successeur de Gomez Carrillo. » Je vous ai dit : « C'est quelque chose de vaguement comme ça, mais je n'ai jamais prêté oreille à ses sentiments. » Et vous m'avez répondu : « Je m'en occupe dès demain, et vous aurez, je vous le jure, votre petit chien. Demain soir, vous l'aurez. J'irai à Versailles rencontrer votre fiancé... » Alors vous êtes parti. Et effectivement, vers 12 h 30, vous m'avez ramené Yuti. Vous avez dit : « Le marquis était un peu désolé, mais ça n'a pas été difficile. » « Il n'était pas content, n'est-ce pas ? » « Je ne sais pas s'il était content ou pas mais je lui ai dit que je venais chercher la voiture et le petit chien. Et nous avons arrangé cela. Il n'a pas discuté. Voilà votre petit chien. Je l'adopte, il est tellement charmant. » Vous aviez une passion pour les chiens, pour tous les animaux en général. Je crois même que vous préfériez les bêtes aux hommes. Puis nous avons fait la route en voiture jusqu'à Nice. Vous êtes venu au Mirador. Vous étiez très fatigué, vous aviez votre grande migraine. Un œil seulement devenait très rouge, et vous aviez tellement mal à la tête que des larmes coulaient mais jamais je ne vous ai entendu vous plaindre. « Savez-vous, Consuelo, comment je guérissais mon mal de tête en Afrique, à Casablanca ? J'avais une lampe à alcool qui, tout le temps, explosait. Je mettais les petits morceaux dans un sac et dès que la migraine commençait et que mes yeux se brouillaient, je remontais une à une toutes les petites pièces de la lampe jusqu'à ce que tout cela fonctionne et mon mal de tête entre-temps était passé. » Je vous dis alors : « Mais aujourd'hui, vous n'avez pas de machine à arranger. » « Non, me dites-vous, mais je vais me reposer, si vous le permettez, je vais me reposer encore un peu. » « Pas trop longtemps, il faut téléphoner chez vous. » Votre mère est venue en effet au Mirador. Elle a visité la maison et elle a dit qu'elle nous invitait à Agay, tel jour, telle heure, qu'elle allait préparer le thé pour l'après-midi. Elle a convié des gens de Paris et tout ce beau monde attendait de pied ferme la future fiancée de Saint-Exupéry...

J'avais le trac, vous rappelez-vous ? Je me souviens que j'étais allée chez le coiffeur qui m'avait fait une indéfrisable. J'en ressortis tellement frisée que je dus mettre un chapeau et j'ai dit : « Ecoutez, je ne l'enlèverai pour rien au monde. Je suis trop frisée. » « Ne vous en faites pas pour cela », m'avez-vous dit pour me consoler. Une de vos cousines qui s'appelait Yvonne de Lestrange, que vous considériez comme votre sœur, était venue de Paris, il y avait André Gide, et toute votre famille, vos sœurs, vos parents, une vingtaine de personnes en tout et votre petite Consuelo qui devait subir l'examen de passage des fiançailles avec Saint-Exupéry !

Je vous ai dit doucement : « Vous savez, vous aussi, vous devez aller voir "ma famille". Je n'en ai pas ici, mais j'ai une amie qui est comme ma sœur, c'est Sélisette Maeterlinck. » « Ah ! la femme de

Maeterlinck ? » « Oui, ils habitent à Orlamonde, et je dois vous dire une chose, si Maeterlinck me disait de renoncer à vous, je crois que je l'écouterais. Alors, vous imaginez l'importance pour moi que cela peut avoir. » « Vous dites cela parce que je vous impose de rencontrer ma tribu ? » « Non, non, j'y ai pensé depuis bien longtemps. C'est une petite épreuve. Vous êtes tellement habitué aux épreuves dans les avions que vous ne devez pas avoir peur de rencontrer un grand écrivain comme Maeterlinck. »

Je suis donc arrivée au château d'Agay. J'ai découvert ce fort magnifique, la baie d'Agay qui entre dans le port, la plage qui est très agréable, cette eau si calme. L'accueil fut aimable, les voix un peu crispées, les attentions un peu trop appuyées. Il y avait un hôtel en face du château. On m'y a logée, j'étais contente d'y être, pour respirer un peu, pour m'enlever cette angoisse que j'avais. Bien entendu, j'ai prétexté une migraine pour ne pas dîner avec votre famille. Mais vous, vous êtes resté à l'hôtel avec moi et même vous êtes resté très tard, vous faisiez des tours de cartes avec la propriétaire et je vous ai dit enfin : « Ecoutez, il faut que vous rentriez chez vous. »

« Je ne suis pas pressé, ils doivent tous dormir déjà. Vous savez, ils se couchent tôt. Mon beau-frère se lève de bonne heure, il est agriculteur, il est complètement têtu. Il veut faire pousser des légumes sur des pierres. Mais comme il aime ça, moi, je dis que c'est très bien, qu'il aura une belle récolte. Quand il n'a que trois ou quatre vignes qui ont donné du raisin, il fait le vin de ses vignes ! C'est bien, ce sont des gens du pays. Sans la volonté, sans le courage, on ne fait rien. » Votre mère fut très aimable, très attentive. Il y avait vos deux sœurs, l'une blonde, l'autre brune, Simone et Gabrielle, Simone était très cassante, elle avait fait l'Ecole des chartes et elle était plutôt dépitée parce qu'elle s'était mis en tête que vous deviez épouser à Paris Mlle de S... Ça lui déplaisait terriblement de vous voir épouser une étrangère.

Mais bien des choses se sont passées. Votre mère, qui était une femme très simple, a voulu avoir des renseignements sur moi et a télégraphié à l'ambassade de France au Salvador[1]. Je ne sais pas dans quel sens elle a fait cette démarche, mais le résultat a été fatal pour ma famille. Dans les déclarations d'impôts de ma mère, comme mon père était colonel, et que j'avais quatre frères qui étaient aussi colonels, ma mère avait, comment dire, un petit peu faussé la vérité. Quand ce télégramme est arrivé, ma mère, qui était veuve, continuait à recopier ce que mon père faisait. Résultat, on est allé mesurer les propriétés, et on a dû faire payer à ma mère tout ce qu'elle n'avait pas déclaré. C'était une fortune. Elle m'a envoyé un télégramme très désagréable en me disant qu'elle ne pensait pas que j'épouserais un garçon qui demandait si j'étais riche ! Mais ce n'était pas cela que ma belle-mère avait demandé. Simplement, elle avait voulu avoir des renseignements sur ma famille, mais vous savez, les attachés consulaires ont cru bon de faire du zèle. Pour ma famille cela fut très pénible. Quand vous

1. Dès le début de son mariage, Consuelo se considéra méprisée et rejetée par sa belle-famille.

avez appris cela, vous ne saviez pas comment vous faire pardonner et je vous ai dit : « Tonio, je ne veux pas vous épouser, ma famille est tout à fait contre ce mariage et elle a raison, je vais repartir pour le Salvador parce que ma mère me le demande et j'irai y passer six mois. Vous devez me comprendre. Je ne suis pas fiancée avec vous, vous m'avez présentée à votre famille voilà tout, je serai votre amie et vous savez, avec le temps, vous épouserez la femme que votre sœur Simone vous a destinée... » Vous m'avez dit alors : « Vous croyez que vous allez encore vous embarquer comme lorsque vous êtes partie de Buenos Aires et que vous avez croisé ma petite maman à Rio de Janeiro qui venait assister à notre mariage ? Non, non, non, Consuelo... » « Saint-Ex., ne parlons plus de mariage. Ecoutez, nous allons voir Maeterlinck. »

J'avais téléphoné longuement à Sélisette, je lui avais écrit tout ce qui m'arrivait avec vous, c'était presque un journal que je lui envoyais... Sélisette me disait : « Tu sais, Consuelo, tu dois écrire. Tu dois raconter tes Mémoires »... Nous voilà donc, vous en souvenez-vous, à la porte du palais d'Orlamonde. On y entre en voiture, il faut au moins faire un kilomètre pour arriver à la porte, ensuite il faut faire un autre kilomètre pour atteindre le salon, où l'on trouve enfin Maeterlinck : « Venez, c'est l'heure du déjeuner. Moi, j'ai faim. » Alors Sélisette dit : « Mais écoutez, vous les hommes allez chercher le vin pour le mettre à table. Je ne sais pas quel vin tu veux offrir à Saint-Ex. » Vous êtes donc allé à la cave avec Maeterlinck. Quand vous êtes revenus, vous aviez tous les deux goûté tellement de vin que vos joues étaient roses et vous étiez devenus très amis. Maeterlinck me dit : « Vraiment, c'est l'homme qu'il te faut. Je suis heureux que tu aies rencontré ce garçon. » Vous m'avez dit alors : « Ecoutez-moi, demain vous serez gentille de venir avec moi choisir une bague, toute simple. Vous savez bien que je ne suis pas trop riche, surtout en ce moment où je ne travaille plus. » « Ce n'est pas la peine de m'offrir des brillants, achetez-moi simplement une alliance. J'ai encore le brillant d'Enrique à la main. Et si vous me le permettez, je serais très contente de le porter. » « Absolument pas, il est très bien, il est très beau, je ne suis pas jaloux, mais je veux être aussi grand que lui et je vous demanderai de ne plus fréquenter l'éditeur de votre mari ni de toucher un centime sur ses œuvres ni d'aller en Espagne. » Oui, cela est l'unique péché que j'aie commis au monde : je n'ai rien fait pour l'œuvre de Carrillo. Nous sommes rentrés ensuite au Mirador et je vous ai dit solennellement au revoir. « Rentrez chez vous, Saint-Ex. » « Comment, avec tant de chambres, vous ne me faites pas une petite place ? » « Non, non, je vous demande pardon, je vous demande de ne pas me compromettre comme vous l'avez fait en Argentine. On se mariera mais rentrez chez vous. »

Le lendemain vous êtes revenu avec votre mère qui m'a demandée officiellement en mariage pour son fils : « Vous n'aimez pas que mon fils soit un gigolo, il ne peut pas être avec vous tout le temps, et il ne veut pas vous perdre. Je veux que mon fils soit heureux. Moi, je vous accepte et je vous aime comme ma belle-fille. Alors fixons une date pour ce mariage. » « Vous me prenez de court, laissez-moi réfléchir un petit peu à la date qui me conviendra. » « Pas besoin, m'a dit votre mère, écoutez, vous êtes belle, vous pouvez vous marier en couleur. » « Ah oui ! Je me marierai en noir parce que j'ai une très belle robe noire. C'est une robe baptisée par le grand couturier El Reliquario, qui était celui de Raquel Meller. C'est une robe en dentelle noire et ça se porte avec une mantille mais on met des œillets rouges pour égayer l'ensemble. » « Je n'y vois pas d'inconvénient. Si vous avez déjà cette robe... »

Et c'est ainsi que nous nous sommes mariés, mon Tonio, mon petit mari. Vous ne m'avez pas laissée respirer. Vous m'avez dit : « Il faut que je mette aussi mes affaires en ordre. Je dois accepter un travail que l'on me propose dans l'aviation. C'est pilote d'essai. » « Mais pilote d'essai, c'est très dangereux », vous ai-je dit. « Je sais bien, mais je n'ai rien d'autre en vue, et moi, sans voler je me sens perdu. J'ai déjà presque eu un mois de repos et il faut que je vole absolument. » On est allé alors ensemble sous les arcades de la place Masséna à Nice pour acheter les alliances. Je vous ai dit : « Vous savez, moi, je les aime en platine. » Mais vous les vouliez en or. « Ecoutez, vous en aurez deux, une en or et une en platine. Oui, oui, vous en aurez deux. » « Et pourquoi donc ? » « Parce que c'est plus joli et vous serez ainsi mariée deux fois. »

Et ma vie de pilote a ainsi commencé, mon mari, mon éternel mari.

17 *Dictaphone, extraits*

J'ai relu encore votre télégramme qui me disait : « J'ai vieilli de cent ans, cette nuit de Noël, d'être loin de toi. Je vous aime plus que jamais. Soyez sûre de mon amour. Votre mari Antoine. » Je vous remercie, mon ange, vous ne saviez pas ce que signifiait pour moi de recevoir ces télégrammes...

Je pense encore à mon retour de New York. J'étais rapatriée et je ne pouvais pas même payer mon billet. Je n'avais plus d'argent, j'en avais gagné un peu en faisant les vitrines de Bloomingdale's [1], mais au bout de deux ans de solitude, j'ai eu envie de retourner à notre Feuilleraie. Nous devions être quatre par cabine et on était... huit. A peine avait-on la place de se glisser dans une couchette... J'ai préféré rester dans une chaise longue sur le pont. Mon moral n'était pas très haut. Je ne savais pas quels amis j'allais retrouver vivants. J'en voulais à mon destin qui m'avait contrainte à rester pour la vie en France. Vous m'avez tellement apprivoisée que je n'ai jamais voulu ni pu m'en éloigner.

Je me souviens, quand j'étais endormie, vous me faisiez des passes sur la tête et je sentais comme du courant électrique. Vous me disiez : « Mon petit poussin, ma Pimprenelle, mon jardin, ma tour d'ivoire, vous m'attendrez toujours, même si un jour on vous dit que je suis perdu. Ce ne sera pas vrai. Même si je devais être perdu dans le désert, dans le Sahara, je boirais encore l'eau de vos yeux

1. Consuelo travailla pour ce grand magasin de New York jusqu'en 1946, date de son retour. Cet emploi de maquettiste de vitrine avait été trouvé pour elle par Peggy Guggenheim.

comme un poète disait qu'il boirait les yeux d'eau de sa femme pour boire en prison. Alors, soyez tranquille, je reviendrai toujours. »

TABLE

Cet ouvrage a été réalisé par la
SOCIÉTÉ NOUVELLE FIRMIN-DIDOT
Mesnil-sur-l'Estrée
pour le compte des Éditions Plon
en mars 2001

Photocomposition : Nord Compo
59650 Villeneuve-d'Ascq

Imprimé en France
Dépôt légal : mars 2001
N° d'édition : 13344 – N° d'impression : 55148